障害者の経済学

新版

Takanobu Nakajima
中島隆信

東洋経済新報社

はしがき

私が障害者について最初に本を書こうと思ったのは1995年のことである。86年に生まれた長男に脳性麻痺による身体障害と知的発達の遅れがあり、その子どもと共に2年間のアメリカ留学生活を終えて帰国した直後だった。

当時のアメリカは、障害者差別を禁止する「障害を持つアメリカ人法（Americans with Disabilities Act of 1990：ADA）」がすでに施行されていたこともあり、公共施設へのアクセスはもちろんのこと、現地の公立小学校の受け入れ体制も行き届いていた。どこへ行っても障害者用駐車場が十分に用意されていた上に車椅子用トイレの心配をする必要もなく、私たち家族にとってまさに夢のような生活環境であった。

それだけに日本に帰国したときのギャップは厳しかった。市の教育委員会に長男の普通校への通学を申請したが、その回答は親の完全付き添いが条件というものだった。また、アメリカでは障害者本人に与えられる〝駐車禁止除外〟の標章が日本では特定車両にしか与えられなかったので、担当の警察官にその理由を問いただしたこともあった（2007年の法改正で現在では除外指定は車両ではなく本人になされるようになっている）。ショッピングセンターに長男を連れて買い物に出かけると、障害者用駐車場はわずか1～2台分しか確保されておらず、しかもそこを明らかに五体満足と思われる人たちが利用していた。

私は憤慨した。「本を書いてやる！」と思った。だが、そのとき私のなかで別の声がした。「それは経済学者のやるべき仕事なのか？」

私と同じような経験はおそらく多くの人たちがしているに違いない。ましてや私は真の当事者でもない。そんな私が怒りにまかせて声高に「日本は遅れている」などと叫んでみても、マジョリティである一般の人たちの心には届かないだろう。私がすべきことは、本職の領域で自分にしかできない貢献なのではないか。口幅ったいが、経済学者としての矜持が執筆を思いとどまらせたのである。

それから10年後、長男が社会に出る年となった。その進路をめぐる情報収集のためさまざまな施設を見学したり、制度を調べたりしていくなかで、障害者とその周囲の環境を客観的に分析している自分に気づいた。当事者意識から脱却し、精神的に吹っ切れたのだ。２００６年に出版した『障害者の経済学』は、障害者の親という立場を離れ、経済学者として一歩離れたところから障害者の世界を眺めたものである。冷静さが視野を広げ、多くのすばらしい方たちとの出会いを生んだ。同書はその成果だといえよう。

そこからさらに10年が経過した。出版がきっかけとなって大学での講義や外部での講演を行う機会にも恵まれたが、こうした経験を積むにつれ、経済学的側面によりフォーカスをあてることで障害者問題をわかりやすく伝えることができるようになってきた。また、障害者就労の現状について見聞きすることも多くなり、当事者の方たちの苦労を目の当たりにするにつけ、現行の制度がこのままでいいのか違和感を覚えるようになった。その一方で、世の中では「障害者総合支援法」や「障害者差別解消法」など法整備が進み、障害者をめぐる社会環境も大きく変わってきた。

このような10年間の新たな変化を踏まえ、今回の『新版　障害者の経済学』が誕生した。その〝噛み応え〟はいかがなものか、存分に味わっていただければ幸いである。

目次

第2章 障害者のいる家族

第5章 障害者施設のガバナンス

終章

序章

なぜ「障害者の経済学」なのか

障害者問題を扱った本はこれまで数多く出版されている。それらを大まかに分類すると、次の4つのタイプになるだろう。

障害者本人またはその親が自らの経験談を綴った自伝のようなもの（自伝タイプ）、障害者にかかわる法制度について検討を加えたもの（制度論タイプ）、障害者本人またはその関係者が新たな障害者観について語るもの（観念論タイプ）、そして障害者の知られざる意外な一面を描いたもの（意外性タイプ）である。(1)

このうち、はじめの3つのタイプに属する本は、どれもそれなりの問題意識があり、著者の主張も読み取れる。おそらく、その業界の人たちにとっては共通の話題でもあり、興味深い内容になっているのだろう。ところが、そうした本のほとんどは福祉や障害者といったテーマを専門に扱う出版社から出されている。つまり、業界の人以外にはまず読んでもらえない。それに対して、最後の意外性タイプだけは、メジャーな出版社からの本が多く、一般読者を対象としているように見える。

これは何を意味するのだろうか。簡単にいえば、障害者をとりまく人々から発信された情報のほとんどは業界関係者のなかだけで流通していて、一般の読者には届いていないということなのである。他方、意外性タイプの本は一般の人たちにも読んでもらえるものの、その読後は基本的に「へぇ〜そうだったんだ」と感想を漏らす程度で終わってしまうことが多く、幅広い議論に発展するということはあまりない。

本書はこれらの4つのタイプのいずれにも属さない。障害者をめぐるさまざまな問題を経済学の視点からとらえ直すことによって、一般の方にも興味を持ってもらおうという試みである。次章以降の具体的な内容に入る前に、ここではこの問題を経済学で考えることの意味について説明しておきたいと思う。

誰の肩も持たない

経済学を活用することの第1の利点は中立性である。経済学では、資源には限りがあることを前提とし、それをどのように配分することが最も効率的かを考える。効率性の基準としてしばしば用いられるのは、資源の配分をさらに変えたとしても、社会全体の便益がこれ以上増えない状態になっていることである。

このように、経済学の視点は常に社会全体にあり、必ずしも特定の人や業界の利益には向いていない。これは障害者福祉についても同様だ。もちろん、障害者とその家族は多くの面でハンディを負っており、何らかの支援が求められることは理解できる。また、福祉サービスという仕事の重要性や、その任務を担っている法人の経営を安定化させることの必要性も理解できる。だからといって、経済学は障害者の便益を高めるために、あるいは社会福祉法人の余剰金を増やすために、社会の負担をさらに増やすことに対しては慎重である。もし、負担増がどうしても必要であるのなら、最も効率的な福祉サービスの提供方法を見つけることが望ましいと考える。

したがって、経済学には特定のスポンサーがつきにくい。医学なら医療業界、薬学なら薬品業界、工学なら製造業というように産業と直結した学問ではないからだ。あえて言うなら、経済学のスポンサーは〝人間の知性〟なのである。(2)

誰の肩も持たないということは、人を頭から〝悪〟と決めつけることはしないという意味である。障害者福祉を話題にするとき、私たちはどうも人間の行為を〝善〟と〝悪〟に区別したがる傾向があるようだ。たとえば、ボランティアは良い行いで、差別は悪で、頑張っている障害者は立派で、優先席でふんぞり返っている若者はけしからん、等々。こうした議論からはまず不毛な結論しか出てこない。「みなさん、もっといい人になりましょう」というのが関の山だ。

経済学に登場する人物は、善玉でも悪玉でもない。分析対象となるのは、人間が起こした行動の動機づけ（インセンティブ）の部分なのであって、それがいい人なのか悪い人なのかということはほとんど関係ない。どんなにいい人であっても動機さえあれば悪いことをしてしまうというのが経済学の考え方なのである。

人を冷静にする

経済学は人間の行動の背景にある動機や社会のしくみに目を向ける。つまり、経済学的な思考を進めるために最も必要とされるのは、観察される社会現象に対して「なぜ？」という疑問を持つことである。

社会でさまざまな問題や事件が起きたとき、メディアはセンセーショナルに報道し、私たちの感情に訴えかける。そのようにする理由は明白だ。国民を興奮させれば番組の視聴率をあげられるし、雑誌の売上部数を増やせるからだ。

しかし、怒りの感情だけでは問題の解決につながらない。怒りは〝悪人〟のレッテルを貼られた人へのバッシングを生み、それをおそれる関係者は姿を隠してしまうため、真相はうやむやのままになりがちだ。そして、時間の経過とともに、事件の〝賞味期限〟が切れて人は興味を失ってしまう。

障害者は〝社会的弱者〟と見なされていることから、その周辺で問題が起こると善悪論によって処理されることが多い。たとえば、施設での虐待や障害者への差別などの社会現象そのものが〝悪〟であると決めつけられる。(3) しかし、本書の第4章で詳しく述べるが、障害者差別の背後には、さまざまな動機や事情が潜んでいるし、第5章で扱われる障害者施設をめぐる問題は、組織のガバナンスに関するルールづくりと密接に絡んでいる。これらを感情論で処理すると、本質的な原因が検討されないままとなる。

経済学的思考には、深く考えることを通じて私たちを冷静にするという効果もある。たとえば、電車のなかでとなりの客に足を踏まれたというケースを考えてみよう。感情が先立つと「何をするんだ」という怒りにつながるが、「なぜ足を踏んだのだろう」とその背景を考えるようにすれば不思議と腹立ちは収まってくるものだ。こうして無益な争いごとを回避することもできるのである。

物事を一般化する

経済学は、〝労働経済学〟〝国際経済学〟〝金融経済学〟などいくつかのジャンルに分かれているため、それぞれに別の経済学が存在しているように見える。しかし、これらは別の学問体系を持っているわけではなく、基本的な考え方は同じである。つまり、対象が異なるだけである。

したがって、障害者問題を経済学で考えるときも、他のジャンルと別のアプローチをとる必要はなく、標準的な経済学的思考法を障害者問題に応用すればよい。本書では、障害者と関係する家族、教育、施設、差別、就労などの分野を扱うことになるのだが、実際、それぞれについて「なぜ?」という疑問を深めていくと、障害者特有の問題というのはそれほど多くないことに気づく。

その理由は、障害者であっても一般の人たちであっても、持っている機能やとりまく環境に違いがあるだけで、同じ行動原理に従う人間だからである。また、株式会社と障害者施設はともに組織であることに変わりはなく、違って見えるのはそれぞれ別々のルールのもとで運営されているからだ。教育についても、そもそも教育の役割とは何なのかを突き詰めていけば、その対象が一般の児童だろうと障害児だろうと関係なくなる。差別は障害者に限ったことではなく、人種、性、年齢など人間の持つさまざまな属性とのかかわりから生じうる。そして、働きたくても働けない人は障害者に限った話ではない。

障害者問題を特別視した途端に、一般の人たちの多くは関心を失い、自分とは関係のないことと見なしてしまう。障害者問題を考えることが重要なのは、それが一部の特殊な人たちを対象としているからではない。問題を深く掘り下げ、一般化することによって、他のさまざまな社会問題と根っこでつながっていることがわかってくるからだ。経済学的思考はそのためのきわめて有益な助けとなる。

〝完全競争〟という理想型

自然科学では初等教育の段階から自然現象を観察して疑問を持つことの重要性が強調される。そして、そうした疑問を喚起するための啓発本や、その答えを丁寧に解説する図鑑などが出版されている。しかし、社会科学の初等教育にはそうした本はほとんど見当たらない。その理由は、社会科学には唯一の解答というものが存在しないからである。

社会科学が示すのは社会問題へのアプローチの方法である。先に述べた標準的な経済学の考え方、すなわち効率的な資源配分もそのひとつといえる。(4) ただ、それだけが解答とは限らない。社会学、心理学、倫理学などから別の解答が導き出されても何らおかしくはないし、そのなかからどの解答を選択するかは国民が決めることだ。

ただ、経済学の場合、理論から導き出された〝理想型〟を持っている点に特徴がある。誤解をおそれずにいうなら、それは医学でいうところの何の病気にも冒されていない完璧な〝健康体〟に似た意味合いである。医学部の専門課程では、学生ははじめに健康体について学ぶ。骨、筋肉、臓器の場所や名称に始まり、それらがどううまく機能しているかを理解するのである。この基礎的な勉強を経たのち、そうした機能を妨げる病気の存在とその対処法について学習していく。

経済学の勉強もこれと同じプロセスをたどる。まず、市場メカニズムが完璧に機能する〝完全競争〟という理想的な経済システムについて学ぶ。〝完全競争〟とは、すべての経済主体が市場への影響力を持たず、そこで決定される価格に従って行動する状態のことを指している。このとき、財やサービスの生産を担う事業者は少しでも消費者に気に入ってもらえるよう努力する一方、消費者は複数の選択肢のなかから自分の好きなものを選ぶことができる。こうした市場での競争を通じて資源の無駄遣いは避けられ、必要なものが必要な量だけ生産され消費される。

ただ、現実の経済は必ずしも〝完全競争〟の状態とは限らない。電力のように市場への影響力を持つ企業が存在する業界もあるし、医療サービスでは担い手の医師と受け手の患者との間で情報の共有が難しいことから過剰診療のおそれも指摘される。経済学では、こうした市場メカニズムがうまく作動しない〝市場の失敗〟の起きる原因について学び、どのような対策をとればいいかを考える。

「障害者の経済学」とは、障害者福祉に〝完全競争〟のしくみをそっくりそのままあてはめるよう主張するものではない。どのような経済学者も、障害者を一般の人たちと同等のノーガードの競争状態に置くことが望ましいとは思わないはずだ。ただ、経済学に理想型というレファレンス（評価基準）が存在することにより、現実の障害者福祉がそこからどれだけ外れているかがわかる。そして、その外れが起きている原因を探れば、どうすればそれを最小限に食い止められるかもわかる。たとえば、福祉や教育関係者が「この人たちは障害者だから」と言いつつ当たり前のように行っている活動についても、標準的な市場経済のしくみに照らしてみれば、それが社会の効率性をどれだけ歪めているかを知ることができるのである。

＊　＊　＊

本書はこれらの経済学的な考え方をベースに、障害者本人ならびにかかわりを持つさまざまな人たち、組織、そして制度について検討を加え、その望ましいあり方について考察していく。

注

（1）1970年代ころから障害の定義そのものを見直す〝障害学〟という分野が海外で生まれ、日本では長瀬修氏を中心に1990年代後半からこの分野での研究が進められるようになった。こうした研究に基づく著作は、障害者問題の議論の土台となる障害の定義にかかわるものであり、この4つの分類にあてはめるのは適切ではないと思われる。本書における障害のとらえ方も、基本的には、障害学の考え方に依拠している。

（2）これは、私の大学時代の恩師である小尾恵一郎氏がゼミ生に語った言葉と聞いている。

（3）たとえば、横浜市の障害福祉部が障害者差別解消の啓発資料として市民に活用を促している「障害のある人もない人もみんながいっしょに暮らす横浜すごろく」には、それぞれのマス目に「○良いこと○障害のある人もない人も参加できる⇩1つ進む」「×悪いこと×障害があるから参加できない⇩1回休む」などと書かれ、観察される社会現象自体を「良いこと」と「悪いこと」に分類している。（http://www.city.yokohama.lg.jp/kenko/shogai/sabetsu-kaisyou/sugoroku.html）

（4）私はかつて『大相撲の経済学』（東洋経済新報社）のなかで、大相撲の〝八百長〟のメカニズムについて説明し、「しくみがわかればそれほど目くじらを立てるほどのことではない」と述べたことがあった。その後、八百長の存在が発覚した折、ある新聞が私のことを「八百長を擁護する学者」として糾弾する記事を載せた。経済学者の難しいところは、社会現象のメカニズムを説明しただけでは許してもらえず、その現象に対する善か悪かの判断をするよう迫られてしまうことである。実際、『障害者の経済学』についても、「福祉のことがわかっていない」とか「冷徹だ」などと批判を受けたことがある。

第1章

障害者問題の根底にあるもの

障害者をテーマとする議論が活性化しにくい理由は、多くの人が障害者問題は難解だと考えているからである。

D・カーネマン『ファスト&スロー』によれば、私たちの脳は〝怠け者〟であって、日常のほとんどの問題を〝デフォルト〟に従って処理しているという。たとえば、朝起きてからの洗顔や歯磨きなどのルーチンワーク、家族との朝食、電車での通勤などではほとんど深く考えずに行動している。その理由は、日常の行動すべてについてどうすべきか考えていたのでは脳が疲れてしまうからだ。つまり、ここぞというときのために脳を休ませておくのである。

ところが、そうした日常に障害者が入り込んできた途端、私たちはこの〝デフォルト〟的な処理ができなくなる。普段どおりの行動がとれずに身構えてしまうのだ。その原因はどこにあるのだろうか。次章以降、障害者問題を〝頭を使って〟考えていく前に、まず、こうした素朴な疑問が生まれる背景を探ってみたい。

そもそも障害者って何だろう

私たちは漠然と障害者という特定のカテゴリーに属する人たちがいると思いがちである。それは、男性と女性、大人と子どもというように目で見てそれとわかる特徴に基づく判断ともいえる。たとえば、車椅子を利用していれば身体障害者であり、ダウン症のような独特の表情があれば知的障害者という感じだ。

日本では、原則として人間が持っているはずの基本的な機能、たとえば視力、聴力、臓器の働き、運動能力、知力などについて一定の基準を満たさないとき、障害者として認定されることになっている。その判断をするのは医学的な知識を有する医師であることから、こうした障害の定義づけを〝医学モデル〟という。つまり、何らかの機能不全の存在が障害の前提になっている。

しかし、機能不全があれば誰でも障害者になるわけではない。たとえば、近視の人には眼球の屈折異常があるが、眼鏡で視力補正ができるので障害者ではない。色覚異常者は、異常を補正できないが障害者にはならない。その理由は、それが仕事や生活上での決定的な障害にならないという判断からだろうと思われる。ただ、強度の色覚異常があると、運転士などいくつか就けない職種があり、障害がまったくないわけではない(1)。

つまり、機能不全があっても社会がそれを問題視していなければ障害とはいえず、障害者にもならないということである。車椅子利用者に機能不全があることは明らかだが、今後、インフラ設備などを含む社会全体のバリアフリー化が徹底されていけば、障害者ではなくなる日が訪れるかもしれない。このように障害の原因が機能不全ではなく、社会の方にあるという考え方を障害の〝社会モデル〟という。

こうした考え方が浸透していくと、外見的な特徴に基づいて障害者と判断し、その上でそのカテゴリーに属する人たちに対してどうすればいいか決めるといった発想はあまり役に立たなくなっていくだろう。なぜなら、どんな些細な機能不全であってもそれが社会への不適応を起こせば障害になる、すなわち誰でも障害者になり得るからである。逆に、社会が機能不全を障害にしない工夫をしていけば、障害者というカテゴリー自体が意味のないものとなり、私たちが特別に構える必要もなくなるのである。

〝転ばぬ先の杖〟という発想

ここで障害の〝社会モデル〟が浸透しづらい理由を考えてみよう。〝医学モデル〟では医学的根拠に基づいて障害が定義されるので、障害の程度区分がしやすいという利点がある。たとえば、視覚障害でいえば、両眼の視力の和が0・01以下は1級、0・02以上0・04以下は2級であり、知的障害ならばＩＱ35以下はＡ1、36～50で身体障害3級以上の合併があればＡ2といった具合である。

このように障害者を区分しておけば、その等級に応じて福祉サービスの内容を決められるので、行政サイドにとってルールづくりをする上での助けとなる。実際、身体障害の1級と2級、知的のＡ1などは重度障害となっていて、企業にはこうした人たちを雇用すると普通の障害者2人分にカウントされるというインセンティブが与えられている。

そして、障害者に認定されれば、その家族と本人にはさまざまな手当が支給され、自動車取得税・自動車税の減免、高速道路の割引、医療費の減免などの特別措置が受けられる。20歳になると障害基礎年金の受給資格が発生し、仕事を辞めればいつでも月6万～8万円程度の年金が受け取れる。障害者施設に入所した場合は月額2万5000円が手元に残るように実費負担が限定され、さらに国立病院に入院している重症心身障害者は所得制限にかからなければ年金のほとんどを使わずに貯金することができる。

このように、〝医学モデル〟に基づく福祉の考え方は、障害者という特別枠をあらかじめ設定し、そこに収まった人を支援の対象とするという〝転ばぬ先の杖〟の発想なのである。つまり、転びそうな人を事前に決めておき、その人たちに〝杖〟を与えることが福祉サービスだとみなすわけだ。

そのとき重要なのは、〝杖〟を与えることによって行政が社会的弱者に対する責任を果たしたと世間に納得してもらうことである。したがって、〝杖〟が本人に合っているかどうかは大した問題ではない。仮に〝杖〟が立派すぎたとしても、障害者サイドからあえて「普通の杖でいい」などと言う必要はないだろう。また、逆に「貧弱すぎる」などと不満を口にすると、「杖をもらっているのだから文句を言うな」など世間からのバッシングを受けるかもしれない。[2] そして、あらかじめ「杖をください」と言っておかなかった人はあとからそれが必要となっても対象外となる。[3]

見えにくくなる障害者

一般の人たちと障害者を棲み分けし、お互いに干渉し合わない環境づくりをするのが〝転ばぬ先の杖〟としての福祉である。教育の場では、障害児を特別支援学校に集めておくことによって、普通校に通ったとき起こりうるであろうさまざまな問題、たとえば他の生徒やその保護者との摩擦、勉強についていかれなくなったときの対処、さらには車椅子用トイレや階段昇降機の設置などを回避できる。また、就労についても、障害者を施設に通わせ、民間企業同士の厳しい市場競争や一般の社員たちとのトラブルから障害者を守る。そして生活面でも、ある程度の人数の障害者を施設に収容しておけば、生活面での介助などを職員がまとめてすることができるので効率的だ。

しかし、こうした〝杖〟の整備は、障害者の存在を見えにくくする。なぜなら、障害者向けの学校や施設は、建設をめぐる周辺住民の反対や〝障害者に良好な環境を〟という理由から、町はずれの郊外につくられることが多かったためである。こうなると、障害者は一種の隔離状態のようになり、私たちは障害者がどういう人たちか知るチャンスを失うだろう。

さらに、行政が〝杖〟としての福祉サービスを充実させると、障害者のニーズ自体が見えにくくなるという皮肉な結果を招く。なぜなら、そうしたサービス提供のほとんどが障害者を一括りにした現物支給に近い形をとっているためである。障害者が福祉サービスを利用するときには、現金を渡されて施設に行くわけではない。施設と契約を結び、利用が開始されると、その利用頻度に応じて行政から施設に報酬が支払われるのである。

このシステムのもとでは次のような奇妙な現象が起こる。一般に、障害者1人が施設に月20日間通うと、福祉サービスの対価として施設が行政から受け取る基本報酬は月額11万6000円程度になる。一方、この障害者が作業の見返りとして施設から給与を1万6000円もらっているとしよう。このとき、この状況を知った障害者が、「施設通所よりもっと楽しい有料サービスがあるので、私に差額の10万円を現金で渡してほしい」と行政に願い出ても望みどおりにはならない(4)。

社会会計上は、この障害者を施設に通わせることと現金10万円を渡すことは同じ結果をもたらす。だが、〝杖〟としての施設が用意されている以上、障害者にとって現金をもらって別のサービスを消費するという選択肢はない。もし、施設に通ってわずかな給与をもらうことよりも、より楽しく有益な有料サービスがあるならば、そちらを選択した方が社会全体の効用は増すはずだ。このように、福祉サービスという画一化された〝杖〟の存在によって、障害者が実際にどのようなニーズを持っているかはきわめて見えにくくなっているのである。

良心の〝検査薬〟

行政から障害者として認められるということは、〝社会的弱者〟の公式認定を受けることを意味する。そのとき世間はどのような反応を示すだろうか。

話をわかりやすくするため、障害者を高齢者に置き換えて考えてみよう。電車で座っているとき、前に高齢者が立ったとする。さて、あなたならどう反応するだろうか。席を譲るか、無視するか、それとも寝たふりをするか。このうち、はじめの2つの行動は意思表示をしている。無視するのは〝譲らない〟という意思表示である。ここで問題となるのは、3番目の〝寝たふり〟である。これは何を意味するのだろうか。

私たちが一般的に〝社会的弱者〟と呼ばれる人々と向き合ったとき戸惑うのは、そこでの反応の仕方によって自分の心が試されていると感じるからである。疲れているので席を譲るのは厭だ、かといって無視すると無慈悲な人間と思われる、それなら目をつぶって気づかないふりをしていよう、という考えだ。こうした葛藤は心理的負担を与える。

障害者もこれと同じなのだ。障害者を目の前にしたとき、一般人はこの公式認定を受けた〝社会的弱者〟に対して「何かをしてあげなければならない」と咄嗟に考える。あるいは、「自分はこれまで障害者に何をしてきただろうか」とわが身を振り返る。そして、障害者に対して自分がとる行動によって、自分がどういう人間か見透かされてしまうと感じるのだ。このことは、障害者が私たちの良心のレベルを示す〝検査薬〟になっていることを意味する。

障害者の人たちは私たちが考えているほど何かをしてほしいと思っているわけではないし、周囲からの善意を常に期待しているわけでもない。私たちが障害者との間に勝手に壁をつくっているのである。

転ばぬ先の〝差別表現禁止〟

障害者に対する差別表現といわれるものがある。障害者の身体的特徴をからかう類のことばである。他にも、知的障害者や精神障害者に対する蔑称のようなものもある。

なぜ差別用語を使ってはいけないのだろうか。実は、こうした用語は日本の諺《ことわざ》に数多く登場するし、古典落語でもごく自然に会話のなかに出てくる。かつては普通に使われていたことばがなぜ使えなくなったのだろうか。

たとえば、「馬鹿と鋏は使いよう」という諺がある。意味は、「切れない鋏でも使いようによっては切れるように、馬鹿でも使いようによっては役に立つ」（『広辞苑』）ということだ。これも知的障害者の前では差別表現と受け取られかねない。しかし、知的障害者に適した仕事を見つけ出し、雇用につなげている人たちを見れば、現実はまさにこの諺のとおりだと感じられるだろう。

つまり言語表現というものはいかようにも解釈できるということだ。諺であれば、ある程度使い道が限定されてくるだろうが、用語となると聞き手の受け取り方次第では差別表現になってしまう可能性が高くなる。

差別用語を禁止する理由は、前もってこうした混乱を回避しておくためである。表現者が意図していなくても、それを見聞きした人が差別表現だと認識すればそうなってしまうからだ。出版社やマスコミにとってみれば、差別表現だと非難されてから事態を収拾するには多大なコストがかかる。そこであらかじめ差別表現とみなされる可能性の高い用語や諺を排除しておくわけである。

しかし、こうした〝転ばぬ先の杖〟的な扱いはかえって障害者問題をわかりにくくしかねない。古典落語にはしばしば〝ばかの与太郎〟という人物が登場する。与太郎が出てくる咄を聞けば容易にわかるが、彼は字を読んだり計算したりするのが苦手で、軽度の知的障害があるように見える。その与太郎があちらこちらでヘマをしでかし、笑いを誘うというストーリーだ。

障害者を笑いの対象にするとは何ごとかという意見があるかもしれない。実際、江戸時代には障害者に対する強い偏見や差別があったことも知られている。(5) しかし、こうした落語は、知的障害者と市井の人たちとの軽妙で自然なやりとりが江戸時代にも存在していたことをわれわれに教えてくれる。

現在では、自主規制が徹底されたことにより、差別表現の大半はメディアから姿を消した。

その代償として、私たちは国民の真の差別意識を知る機会を失った。第4章で詳しく述べるように、障害者と差別は切り離せない。そして現実に差別は存在する。にもかかわらず、規制はそうした差別の原因を究明するための貴重なデータを消し去ってしまったのだ。

差別表現の規制があるために、私たちは障害者からの反応をおそれ、気軽に障害者問題を口にできなくなっている。「こんな言葉を使ったら差別と思われないか」とか、「自分の態度が障害者を怒らせないか」などとビクビクしているのである。

〝福祉は善行〟による思考停止

障害者を〝社会的弱者〟として公式認定すれば、他方で弱者を保護し居場所を与える役割を担う人たちが必要となる。それが福祉事業者である。そこで働く職員は、その仕事の性質上しばしば〝善行〟をする人たちとみなされる。

もちろん、福祉的活動自体に問題があるわけではないし、それを職員たちがどのような動機で行おうと自由である。問題となるのは、〝善行〟とみなされることで起こりうる資源配分の歪みである。

まず、善行にカネ儲けは似合わないという点である。障害者施設のなかには、障害者に仕事を与えて給与を支払っているところもある。とりわけ障害者と雇用契約を結んでいる施設は労働基準法の遵守が求められ、限られた労働時間の範囲内で最低賃金以上の稼ぎを保証しなければならない。つまり事業拡大やマーケティングなどについて普通の営利企業と同様の成果が求められる。ところが、税金で運営される〝善行〟の担い手が大々的にカネ儲けを行えば「民業圧迫だ」「福祉施設に相応《ふさわ》しくない」と世間の反発を招くだろう。

また、善行とは言いにくい〝いかがわしい〟サービスも福祉の対象外とされる。たとえば、本人の了解を得たとしても、福祉施設が成人した障害者に酒やタバコの嗜《たしな》み方を教えること、そしてセックス／マスターベーションのやり方や性風俗店の上手な利用法を伝授することは御法度である。しかし、一般人に比べて社会での交友関係が広いとは言えない障害者にとって、こうしたサービスを受ける機会なしに嗜好のバラエティは広がらないのではないだろうか。(6)

それならばと今度は〝善行〟に徹すると、経済的合理性に反するおそれが出てくる。私が講演などで、給付費という名目で投じられている税金以上の成果を出せていない施設について問題視すると、「福祉の何たるかをわかっていない」「こんなに一生懸命弱者のために仕事をしているのにそれを否定するのか」とお叱りを受ける。

このように福祉サービスは、〝社会的弱者〟のお世話をするというお墨つきを得たことにより、その活動に制約が課せられると同時に、私たちを思考停止状態にしてしまうのである。

分相応の行動

ヒンドゥー教のカーストや江戸時代の〝士農工商〟に代表される身分制度は〝転ばぬ先の杖〟の典型例といえる。つまり、人生の選択肢を制限することにより、社会の秩序を保ち、変化を起きにくくすることでコストを節約しようという発想である[7]。ただ、選択の自由が失われることにより、世の中を大きく変える革新的なアイデアが生まれず、適材適所の職業選択ができないという非効率性も生じる。もちろん、人道的見地からも身分の違いによる差別を助長するという問題があることは言うまでもない。

現代社会にはこうしたあからさまな身分制度は存在しないが、表面的な印象や先入観に基づくステレオタイプ的な扱い、すなわち〝レッテル貼り〟はしばしば起こる。これが固定性を持てば〝現代版身分制度〟と言えなくもない。

〝社会的弱者〟としての障害者には、福祉サービスの対象者として社会から保護されるべき〝身分〟が与えられる。これは、障害者にとって安価で安定した福祉サービスの提供が保障される一方、分相応の振る舞いを求められるという制約につながる。

たとえば、障害者が居酒屋で飲んだくれたり、歓楽街の風俗店に通ったり、不倫をしたりすると「障害者なのにお行儀が悪い」と言われるだろう。障害者は品行方正な〝いい人〟でなければならず、また素直かつ純真でなければならない。そして常に障害にめげず〝頑張っている〟ことが求められる。こうした印象を維持することで、世間から弱者として扱ってもらえるのである。(8)

コラムA

「障害者差別解消法」と「社会モデル」の論理矛盾

内閣府は「障害を理由とする差別の解消の推進に関する基本方針」のなかで、法の対象範囲である「障害者」の定義として、「身体障害、知的障害、精神障害(発達障害を含む。)その他の心身の機能の障害がある者であって、障害及び社会的障壁により継続的に日常生活又は社会生活に相当な制限を受ける状態にあるもの」とし、その根拠は、障害は社会における障壁によって生まれるとする「社会モデル」の考え方だと説明している。

他方、「障害者差別解消法」には、「障害を理由とする差別の解消を推進し、(略)障害の有無によって分け隔てられることなく、(略)共生する社会の実現に資することを目的とする」と書かれている。

「社会モデル」の考え方によれば、社会にある障壁が除去されれば「障害」もなくなるはずだが、「解消法」では「障害」を理由とする差別を解消し、「障害」の有無による分け隔てをなくすように書かれている。つまり、基本理念として「配慮」によって「障害」を消し去ることを目指すはずの法律が、「障害」の存在を前提とした条文になっているのである。

このような論理矛盾が生じる理由は、「障害」のとらえ方に「医学モデル」と「社会モデル」の考え方が混在しているためである。今後、「案ずるより産むが易し」型の発想が浸透していけば、差別解消の対象を「障害者」に限定しなくてもいい日が訪れるかもしれない。

〝案ずるより産むが易し〟

これまで〝転ばぬ先の杖〟型社会がもたらす弊害について述べてきた。こうした弊害が生じる背景として考えられるのは、事前の準備だけで後の問題を回避できるほど世の中が単純ではなくなってきたということである。

国民の価値観が同質で皆が同じ方向を向いていたときは、制度設計上〝転ばぬ先の杖〟は合理的な発想だった。多くの人が決まったレールの上を進んでいたし、どこに分岐点やカーブがあるかもわかっていたので、そこをうまく乗り切れるように対策を立てておくこともできた。そして、転びそうな人には、あらかじめ杖を渡しておけばそれで済んだのである。

ところが、経済成長と技術進歩によって時間や空間の個人化が進んでいくと、価値観の共有は難しくなる。家族のメンバーですら、互いに何をし、何を考えているかわかりにくくなってしまったのだ。[9] さらに、バブル崩壊後の失われた20年を経て、経済がほぼゼロ成長になったことで、パイ全体が拡大することは期待できなくなり、誰かが勝てば誰かが負ける不確実な時代となった。つまり、現代社会においては、いつ何時レールから外れるかわからないし、またそもそも決まったレールなどというものすら存在しないのである。

そうだとすれば、社会のしくみもそれに合わせて変更しなければならない。つまり、〝転ばぬ先の杖〟から〝案ずるより産むが易し〟への転換である。

確かに〝医学モデル〟による障害の定義は、身体障害や知的障害への対応には適していたのだろう。医学的な根拠からどこに機能不全があるかをはっきりさせておけば、それによって何ができないかがわかり、どのような〝杖〟を用意すればよいかわかっていたからである。

しかし、現代社会では生きづらさを抱えている人も多様化している。就職活動に失敗し、そのまま家に引きこもった人、社内での人間関係上のトラブルからうつ病になり会社を辞めてしまった人、老親あるいは配偶者が認知症になり介護のため離職せざるを得なくなった人など、単純な〝医学モデル〟にはあてはまらない社会適応の難しい人たちは世の中にいくらでもいるのである。

こうした人たちにとって使いやすい福祉サービスは、あらかじめカテゴライズされた機能不全に基づいて画一的に提供されるものではなく、生きていく上で〝何に困っているか〟を素早く察知し、困難さをもたらしている障害を取り除いてくれるものでなければならない。そして、想定していたレールから外れてしまっても、弱者として保護するのではなく、同じレールに戻るか別のレールに乗れるように支援する福祉サービスでなければならない。

私たちの社会には、はじめから障害者という特別な存在がいたわけではない。障害者を生みだしているのは私たち自身であるという気づきが、障害者問題に取り組む上での第一歩なのである。

注

（1）色覚異常者については、これまで障害者認定がされてもおかしくないくらい職業選択上の制約が課されていた。たとえば、かつて医学部は色覚異常の人を門前払いにしていたため、医師になることはできなかった。

（2）2006年に施行された障害者自立支援法では、障害者に原則として福祉サービス料金の1割負担を求めたことから、障害者団体は厚生労働省前で反対のデモンストレーションを行った。このように行政が障害者に追加的な負担を求めたりサービスの内容を変更したりしたときに、障害者団体は反対の声をあげるが、「障害基礎年金を増額せよ」といったデモは行わない。財政赤字を改善するため、社会保障制度の見直しが求められているなか、年金の増額を求める行為は〝分不相応〟だとみなされかねないと認識しているからかもしれない。

（3）障害基礎年金は、障害者の所得補償制度として障害者団体が長年の運動の末に勝ち取った成果だとみなされている。その支給対象は、20歳前に障害者認定を受けた者かそれ以降に年金を納めた記録がある者に限られる。したがって、国民年金に加入していない21歳の大学生や専業主婦が障害を負ったケースは対象外となる。そこで政府は、2007年より学生と主婦に限って年金とは別の特別障害給付金の支給を開始した。しかし〝杖〟の修正はこれだけでは不十分だ。たとえば、親の無関心から障害者の申請をされないまま成人してしまったらどうなるだろうか。そのなかには、仕事を辞め、窃盗や無銭飲食を重ね、刑務所への出入りを繰り返している者もいるだろう。〝転ばぬ先の杖〟ではこうした人たちを助けることはできない。

（4）もちろん、この障害者が施設に通所することで最大の効用を得ているのであれば、まったく問題はない。

（5）生瀬克己『障害者問題入門』（解放出版社）の111ページ以降を参照。

（6）2017年9月25日放送のNHK『クローズアップ現代＋』は「障害者と恋とセックスと…」と題して、障害者の性の問題を正面から扱った。番組には映画『パーフェクト・レボリューション』の出演者とその映画のモデルとなった当事者らが登場し、障害者にも恋愛や性に対する欲求があることを強調するとともに、そうした欲求を満たすことへの社会の理解とそのためのサービス提供の必要性を訴えた。そのなかで興味深かったのは、障害者の自慰行為への支援の是非をめぐって福祉施設職員が否定的な態度を示したことである。福祉サービスが〝善行〟であるがゆえに、障害者のニーズのどこまでを満たすべきなのかという問題について考えさせられるテーマであった。

（7）仮に、人生の節目が3回あり、それぞれに3種類の選択肢が存在しているとしよう。すると世の中には3×3×3の27通りの人生が存在することになる。このとき、この3回の節目にはそれぞれ政府官庁が対応していると考えよう。たとえば、進学ならば文部科学省、就職ならば厚生労働省、家の購入ならば国土交通省といった具合である。そして、政府が27通りの人生では数が多すぎて、把握するのが大変だと考え、人生の選択肢を制限するという政策をとったとする。すなわち、文科省、厚労省、国交省が法律によって国民の選択肢を2種類に減らすのである。これにより、人生は2×2×2の8通りとなる。これは〝転ばぬ先の杖〟による行政コストの節約である。
（8）ただ、こうした扱いは別に障害者に限ったことではなく、特定の職業についている人にもあてはまる。刑事犯罪でもなく、一般人ならばさしたる話題にもならないことが、政治家、芸能人、公務員、教員などでは大々的に取り上げられさらし者にされる。これはこうした人たちが分相応の振る舞いから逸脱していると世間が判断したためである。
（9）経済成長による所得の増加は住宅事情を改善し、家族のメンバー、特に子どもが自分の部屋を持てるようになった。また、電気製品の進歩と普及により、家族が揃って食事をしなくてもよくなり、入浴の時間もバラバラでよくなった。ソニーのウォークマンは音楽の個人所有を可能とし、大衆歌謡曲というジャンルが消えた。この点についての詳細は、拙著『家族はなぜうまくいかないのか』（祥伝社新書）第2章「家族のガバナンス」を参照。

コラムB

手話という言語

手話は3種類あることをご存じだろうか。聾《ろう》者間で使われる「日本手話」、聴者と聾者の間で用いられる「日本語対応手話」、そして両者の混ざり合った「中間型手話」である。

日本手話は聾者たちの間で古くから使われてきた視覚言語で、語彙や文法などが日本語とは異なる。他方、日本語対応手話は標準的な日本語をそのまま手指の動きに置き換えた人工言語で、聴者や中途失聴者など日本語を母語とする人たちにとっては習得しやすい。そして、中間型手話は日本語の語順に日本手話の単語をあてはめてできたもので、聾者が日本手話を聴者に合わせる形で変えていったものと考えられている。

つい4半世紀ほど前まで、日本手話は「手まね猿まね」的な品のないジェスチャーという扱いを受けてきた。聾学校でも日本手話の使用は禁止され、授業はすべて口話《こうわ》によって行われた。聾児たちは教員の口の動きと板書で内容の理解に努め、お互いの会話は教師に隠れて手話で行っていたという。現在の聾学校では、口話と日本語対応手話の併用により授業が行われているところがほとんどだが、日本手話ができる聾学校教員はきわめて少ないため、日本語をマスターできていない聾児と教員とのコミュニケーションは難しいという。

日本手話は音声のない世界に生きる人たちにとって最も効率的なコミュニケーション手段として進化してきた言語である。つまり、聾者には独自の文化が存在しているのである。それならば、聾児の母語は日本手話になるはずだ。なぜなら、日本語を知らない聾児が日本語対応手話を母語とすることはほぼ不可能と思われるからだ。その上で、日本手話を使いながら日本語をマスターし、バイリンガルを目指すという形になる。こうした教育法への評価は分かれているものの、現在それを実践しているのは東京都にある私立明晴学園だけである。

聴者にとって日本手話をマスターすることは、聾コミュニティを深く知るための手段となるだろう。日本手話の学習や研究は多文化共生の一環として位置づけられるべきである。他方、聴者が日本語対応手話を習得することは、聴覚障害者とコミュニケーションをとるための方法であり、身障者のためのバリアフリー化と同じ意味合いを持つ配慮になるだろう。こちらは福祉的活動としての位置づけが適当と思われる。

「全日本ろうあ連盟」は日本手話の存在を認めていない。一方で、同連盟は手話を言語として認定させるための「手話言語法」の制定に向けたPR活動もしている。言語の定義が曖昧なまま法整備が進むことは現場を混乱させるだろうし、それによって最も被害を受けるのは学校で言語教育を受ける聾児たちである。

私たちは、聾者の問題についても、文化と福祉の両面からしっかりと理解した上で、制度設計のプロセスにおいて積極的なかかわりを持つべきではないだろうか。

第2章 障害者のいる家族

いきなり物騒な話で恐縮だが、2016年に日本で検挙に至った殺人事件は810件である。そのうち被害者と被疑者の関係で最も多かったのは親と子の214件で、全体の26％を占めていた。にわかに信じがたいが、この傾向はここ10年以上変わっていない。[1] 強い絆で結ばれているはずの親子が、皮肉なことに日本では最も殺人につながりやすい間柄なのである。

この章では障害者のいる家族にスポットをあてる。殺人事件の話をとりあげたのは、はじめに親子という人間関係の難しさを強調したかったことと、その難しさが障害者のいる家庭にこそ象徴的に表れるということを述べておきたかったからである。

私にはすでに30歳を超えた脳性麻痺の身体障害を持つ息子がいる。親子関係の難しさを身をもって実感しているがゆえに、あえて一歩引いたところから、この課題に対して経済学的思考法をあてはめてみたいと思う。そして、障害者のいる家庭の分析を行うことで、多くの家族が抱えている問題の解決への糸口を見いだせるよう試みたい。

夫婦と親子のコミットメント

夫婦はもとはといえば他人同士だった2人が縁あってカップルになり、家族という組織をつくってできる。つまり、夫婦の関係は事後的につくりあげていくものである。こうした脆弱性ゆえに、社会は夫婦関係が強固なものになるようさまざまな仕組みをつくってきた。

結婚という制度もそのひとつである。婚姻届を提出することにより、夫婦関係は法的な縛りを受ける。その強さは国によって異なるものの、日本では、夫婦は同一の戸籍に入り、しかも同姓にならなければならないという制約が課される。そして、結婚式が宗教色を帯びているのは、神仏の前で永遠の愛を誓うことで簡単には別れさせないようにするための工夫だろう。

一方、親子関係はこれとはまったく異なる。なぜなら、生まれたときから血縁という縛りがかけられているからである。とりわけ母親は、およそ10か月にわたって自らの胎内に宿していたこともあり、産まれてきた子どもとのつながりがきわめて強くなる。しかし、この関係性は非対称である。なぜなら子どもは自分の意思で生まれてきたわけではなく、しかも親を選べないからである。そして、子どもが親と強固な関係を持っているように見えるのは、親に全面的に頼らざるを得ない無力な存在だからである。さらに、成長してからは自分が選んだわけでもない親と〝血縁〟によって縛られることになる。

経済学では、自らの行動が制約されるような固い約束のことを〝コミットメント〟という。コミットメントをする動機は、自らの行動を縛り相手からの信頼を得ることによって関係性をより強固なものにすることができる点にある。もし、コミットメントがなければ、互いにいつ相手に裏切られるか疑心暗鬼になり、相手の行動を探索するために余計なコストをかけなければならなくなる。

その意味から、夫婦は〝法的な縛りによるコミットメント〟に基づく関係であり、親子は〝血縁によるコミットメント〟に基づく関係と定義することができる。

ホールドアップ

コミットメントは自分の行動を縛ることなので、それがあまりに強いと相手につけ込まれるおそれがある。たとえば、結婚の場合、妻が夫の姓に合わせるのが一般的であるが、これは妻にとって後戻りがしづらい強いコミットメントとなる。また、出産を機に妻が仕事を辞めることは、子育てに専念し、家族を大切にするというコミットメントになるが、それによって妻は経済的に自立する手段を失うだろう。この2つのコミットメントにより、妻は夫の裏切り行為に対しても甘んじて受け入れざるを得ない状況に置かれる可能性がある。こうした逃げ場のない状態になることを〝ホールドアップ〟という。

ただ、夫婦はあくまで〝法的な縛り〟によって事後的につくられた関係に過ぎず、ホールドアップの状態に置かれたとしても、夫婦関係を続けるためのコストがあまりに膨大だと判断されれば、離婚して他人の関係に戻ることが可能である。つまり、最終的な逃げ場は用意されている。

ところが親子の場合は、〝血縁〟という生物学的な縛りであり、解消することはできない。そのため、信頼関係が崩壊していたとしても、縁を切るに切れないホールドアップ状態になりがちである。もし、子育てを放棄したり、親をほったらかしにしたりすれば、周囲から〝薄情な親〟とか〝親不孝者〟などと言われかねない。

こうしたホールドアップ状態があまりに長く続き、お互いに耐えられなくなると悲劇が待ち受けている。親子間での殺人事件が多い理由はここにある。

子育ての動機づけ

子育ての議論に入る前に、親が子どもに遺産を残す動機について考えてみたい。なぜなら、子育てというのは親による子どもの人的資本への投資であり、無形資産による相続とも解釈できるからである。

経済学者のC・ホリオカ氏は、親の遺産動機として利己的／利他的／王朝的の3種類を定義した上で、日本ではどの動機が支配的なのか検証を行った。はじめにそれぞれの動機の意味を簡単に説明しておこう。(2)

まず利己的動機とは、親が自分の人生のことだけを考えて行動するという前提に立ち、遺産を残すとすれば何らかの子どもからの見返り（経済的援助や介護など）を求めるという考え方である。(3) この動機のもとでは、子どもも親の遺産をあてにして親の世話をするのが合理的となる。

次に、利他的動機のもとでは、親は子どもに愛情を抱いており、見返りを求めず、子どもを平等に扱い、自分の所有するすべての財産を分け与える。また、子どもに親への利他心があれば、遺産の多寡とは無関係に老後の親の面倒を見るはずである。

そして、王朝的動機は、家《イエ》の存続を第1の目的として親が遺産を残すという考え方である。そのため、イエの財産を保全する子どもや家業を継ぐ子ども、またはそうした役割を担ってくれる養子に財産は配分される。一方、それに対する子どもの反応は一意的ではない。もし利己的な子どもならば、イエを出ることから得られる利益とイエに残る利益を天秤にかけ、後者の方が大きいと判断した場合だけ親の望みどおりに行動する。他方、利他的な子どもは親の期待に沿うようにするため、イエは維持されることになる。

それではこの3種類の動機を子育てにあてはめてみよう。利己的動機のもとでは、親は自分自身の満足のために子育てをする。たとえば、子どもに「自分が果たせなかった夢を叶えさせたい」と幼少時からスポーツや芸術などに打ち込ませるといったケースや、自分の子どもを名門小学校に通わせて「周囲に自慢したい」一心から〝お受験〟に熱をあげる親がそれに相当する。この場合は、見返りが動機づけになっているため、試合に負けたり、受験に失敗したりすると、親は満足が得られず腹を立てるかもしれない。

ただ、幼少時の子どもには意思決定能力が不足しているため、親の選んだ道が結果として子どもにとってプラスになっている可能性もあり、事後的には利己的と判断しづらいこともある。(4)したがって、子どもがある程度成長したあとでも、親が自分の満足を高めるために子どもの選択肢をあえて減らすような行動をとるとすれば、利己的子育てと判断できるだろう。

利他的子育ては、子どもへの愛情が動機づけになる。経済学的な愛情の定義は〝共感〟である。すなわち、子どもが喜んでいるときは自分も嬉しく思い、苦しんでいるときはその原因を取り除いてあげたいと考える。

ただし、これにも留保条件がつく。先に述べたように、子育ては子どもの人的資本への投資でもあることから、子どもが現時点では苦しんでいても、その苦しみが将来の喜びにつながるのであれば、あえてその苦しみを回避するような行動をとらないことも子どもへの愛情ということになる。たとえば、テレビゲームで遊びたがる子どもに読書や勉強の習慣を身につけさせようとする親や、食べ物の好き嫌いをなくさせようとする親がそれにあたる。

そして王朝的子育ては、家業を継がせることを目的としてなされる。たとえば、伝統ある歌舞伎の屋号を継承する子どもは、年端もいかぬうちから舞台に立たされ、それが跡継ぎとしてのコミットメントとなる。あるいは、開業医が高額な学費を投じて子どもを私立大医学部に通わせることや、お寺の息子が若いころに僧侶資格の取得を親から命じられるのも王朝的子育てといえるだろう。

出生前診断

これまで親子関係の特殊性について理論的な説明を行ってきた。しかし、実際に血縁によるコミットメントの強度や子育ての動機づけについて検証を行うのは難しい。なぜなら、私たちが観察できるのはあくまで表に出た現象に過ぎず、その背後にある行動原理について直接確かめることはできないからである。そして、親がどのような動機で子育てをしようと、よほど極端なケースでもない限り、子どもは思春期・反抗期を経て、しだいに親から離れていくのが普通だからである。

ところが、障害児と親との関係にはそうした〝ごまかし〟は通用しない。親の出産や子育ての動機のみならず夫婦の関係性についても、障害児の存在はその真の姿を鮮やかに浮かびあがらせる。

妊娠中の女性が胎児の健康状態について知るために受ける診断を出生前診断という。2013年から、妊婦の血液中の遺伝子を解析する新型の診断法が導入され、母体に負荷をかけず高精度で胎児の染色体検査ができるようになった。このことは、これから生まれてくる子どもについて、染色体異常によって生じるダウン症など障害の予知が可能になったことを意味する。

図表2-1は、この新しい診断法が導入された後の4年間の結果についてまとめたものである。陽性が確定した妊婦の9割以上が胎児の中絶を選択していることがわかる。この現象をどう読み解けばいいのだろうか。(5)

胎児が母体からすべての栄養を摂取していることを考えれば、妊娠した時点で母親の子育て

図表2-1　新型出生前診断導入後の結果

受診者数	44,645
陽性	803
確定検査受診者数	675
陽性確定	605
中絶選択者	567
偽陽性	70

（出所）『日本経済新聞』（2017年7月17日）

は始まっていると解釈すべきである。したがって、中絶は母親が子どもの命を絶つことを意味する。一般的に殺されて喜ぶ人はいないはずだから、染色体異常を理由とした中絶の選択は利己的子育ての表れと考えられる。

これに対しては、「障害を持って生まれるという苦しみを事前に取り除いてあげているのだから、これは親の胎児に対する利他心の表れである」との反論があるかもしれない。しかし、この論理が通用するならば、障害児を抱えた母親が子どもの将来を心配して無理心中を図ることや、患者本人の同意を得ないまま実行する安楽死も利他的行為ということになってしまう。

他方、この現象は王朝モデルによっても説明が可能である。それは、イエの後継者として障害者は相応しくないということである。実際、障害児を産んだ母親に対して、夫の両親から「ウチの家系には障害者はいない」と言われたり、「家の格式に傷がつく」と離婚を迫られたりするケースも耳にする。

この王朝モデルの考え方を一国全体に広げたものがいわゆる

〝優生政策〟である。歴史を振り返れば、19世紀半ばに登場したとされる優生学を思想的な背景として、欧米を中心に強制断種、結婚制限、人種隔離などの形で実践されてきた。なかでもナチス・ドイツによる「ドイツ民族の品種改良」は、アーリア人同士の結婚と出産を奨励する一方、ユダヤ人や同性愛者そして障害者を〝不適格者〟として組織的に殺戮するなど、徹底した優生政策の実施例として知られる。

日本では、戦前の「国民優生法」の流れをくむ「優生保護法」が1948年に成立し、遺伝性疾患やハンセン病の患者、知的障害者、精神障害者に対する強制断種（不妊手術）が合法化された。その後、これが人権侵害であるとの批判を受けたものの、同法の目的のひとつが強姦などによる望まない出産を女性が回避する権利を認めることでもあったため、1996年に優生学的色彩を持つ条文を削除した「母体保護法」へと改組されるに至った。同法では「母性の生命健康を保護することを目的とする」のであれば人工妊娠中絶の実施が認められており、出生前診断の結果を受けての中絶もこの考え方を準用したケースとみなされている。

このように、国家をひとつの〝王朝〟と見立て、その継承を目的として子どもを産み、育てていくという発想は決して古いものではない。比較的最近まで強制断種が合法化されていたことを踏まえれば、陽性確定の診断を受けた妊婦の9割が中絶を選択したとしても驚くにはあたらない。

この子が私より1日早く死ぬこと

どのような動機にせよ、親の子育てはいずれ終了する。反抗期を経て子どもには自我が芽生え、就職や結婚などを機に自立して親元を去る。そして、親も子どもの成長を受け入れ、巣立ちを見送る。普通なら親の方が子どもよりも先に世を去るわけだから、これは他の動物と同じ自然の摂理と言ってもいいだろう。

ところが、障害児の場合はその原則があてはまらない。一般の子どもは成長とともにできることが増え、親はしだいに手がかからなくなる。しかし、障害児はむしろ逆の現象が起こる。たとえば、肢体不自由児では、衣服の着脱、食事、トイレ、車椅子の乗降などで親の手を借りることになるが、成長とともに身体が大きくなるため、介助のさいの親の肉体的な負担は重くなる。また、知的障害児でも、パニックを起こして暴れたとき親がそれを止めるのはしだいに難しくなっていくだろう。

こうなると本来ならば子育てが終了するころになっても、親と障害児の関係は世話をする側とされる側という立場がより強化された形で継続することになる。これが通常の福祉であれば、サービスの担い手と受け手の関係は対等であり、サービスの中身をどうするかについては受け手である障害者がイニシアティブをとる。ところが、親子の場合、子育てと福祉が渾然一体となっているため、福祉的なサービスである身体介護や生活介助についても親に主導権があり、親の意向に障害児が従うという図式になりがちだ。

この支配的な関係が長く続くと、親はしだいに「自分なしではこの子は生きていかれない」と思うようになる。そして、やがて「自分が死んだあとこの子はどうなるのか」と考え始める。韓国映画『マラソン』（シネカノン、松竹）のなかに、自閉症の子を持つ母親が学校の教師から「お母さんの願いは何か」と聞かれ、「息子が私より1日早く死ぬこと」と答えるシーンがある。それが親としての究極の望みになるのかもしれない。

ただ、この願いは自然の摂理に反している。そして無理にその願いを実現させようとすると悲劇を招く。母親が障害を持つ子どもの将来を悲観して、無理心中を図ったり子どもを殺害したりする事件は後を絶たないが、その本質的な原因は、親が物理的にも精神的にも子離れできないことなのである。

子どもの自立 vs. 親の利害

一般には障害を持つ子どもの世話を親がするのは当然と思われがちだが、親に主導権のある子育てが長く継続することは、障害児の自立にとって必ずしもプラスにはならない。なぜなら、子どもの自立を目指すことはしばしば親の利害と対立するからである。たとえば、障害児の自立を考えたとき、自力で食事ができるようになることはきわめて重要である。そのために、親は子どもが食事の道具の使い方をマスターするのを辛抱強く見守らなければならないが、時間に追われていると待ちきれずに子どもの摂食を手伝ってしまうかもしれない。

さらに、親の意向が強く反映すると、子どもの意思決定能力が育たないという問題もある。たとえば、衣服の着脱を親が手伝うケースでは、なるべく時間をかけたくない親は、着脱のしやすさが衣服を購入するときの第1条件となり、デザインや色についての本人の好みは二の次になるだろう。また、食事のメニューを決めるさいも、親の利害を優先すれば、子どもが何を食べたいかはさておき、なるべく周りを汚さず、簡単に食べられるものを選びがちになるだろう。こうして、障害児は意図せざる〝過保護〟の状態に置かれてしまうのである。

これとは対照的に、面倒なことを嫌う親は障害児を放置することもある。たとえば、知的障害児のなかには痛みを伴う歯科治療を嫌う子どもがおり、そのため親は虫歯があっても未処置のままにしてしまうことがある。こうしたことが続けば、子どもはいずれ歯を失い、将来の健康状態に大きな影響を及ぼしかねない。また、発達障害を持つ子どもの場合、親が子育てに無関心で放っておかれると、学校での人間関係上のトラブルなどが原因で将来的に精神障害などの2次障害を発症するリスクも高くなる。

コラムC

スウェーデンの障害者福祉政策

福祉国家として有名なスウェーデンは、30%の地方税、20%の国税、25%の消費税が課せられる高負担の国でもある。

障害者に対する支援制度も手厚い。おもにIQ70以下の児童が対象となる特別支援教育は、7歳から20歳までの14年間にわたって無償で受けられる。特に、最後の4年間に相当する後期中等教育では、生徒の希望する職業を見据えた上で、各人の習熟度に従った教科学習、技能習得、そして職場における実習プログラムが豊富に用意されている。

そして卒業後は、障害の程度に応じて生活介護から就労支援まで幅広いサービスが無料で提供される。障害者が一般企業に就職する場合、初年度は給与の80%が国からの補助金で賄われ、生産性が向上するにつれて企業の負担割合が増えていくという仕組みだ。そして一般就労が難しい障害者には生活のための年金が支給される。

これらの制度がスウェーデンで本格的に導入されたのは、障害者の権利保障を規定するLSS法が施行された1994年以降である。ただ、こうした高福祉・高負担のシステムに対しては、勤労意欲を減退させるモラル・ハザードの原因となり、経済成長にとってマイナスではないかという指摘もある。しかし、スウェーデン経済は、この20年間でGDPが1・65倍に拡大する好調ぶりを示している（ちなみに日本は1・16倍である）。

このミステリーを解く鍵はスウェーデン国民の徹底した〝自立志向〟にある。人口が1000万人に満たないスウェーデンにとって労働力は貴重な資源である。そのため、福祉は国民の自立のためにあるという理念が障害者に対しても貫かれている。実際、障害の有無に関係なく18歳を過ぎれば自立した人間として扱われ、学校が本人の同意なく親と連絡をとることは許されない。そして、遅くとも30歳までには親元を離れ、グループホームなどで自立生活を送ることが当たり前となっている。教育や福祉のプログラムもすべて障害者自身の自立を目指して作成される。

もちろん、こうした自立志向の考え方には副作用もある。障害者の就労支援担当者の話によると、自立を目指すことは自尊心を高め、それが完璧主義につながりやすいきらいもあるという。つまり、自立がうまくいかないとひどく落ち込み、うつ病や精神障害を引き起こしかねないのだ。

世界に例を見ない少子高齢社会を迎える日本において、いずれ国民はどのような福祉制度を採用するべきか重要な選択を迫られることになるだろう。そのさい、私たち自身がどの程度の自立意識を持っているかによって、福祉と負担のレベルが決定されるはずだ。スウェーデンにおける高福祉・高負担・高成長の実践は、それがトリレンマにならないための〝自立〟という前提条件の重要性を教えてくれるのである。

障害児の存在が夫婦関係に与える影響とは

男女関係が結婚後に大きく変わるのは、時間／空間／財産の3要素が〝共有〟されるようになるからである。共有するということは、夫婦どちらかまたは双方がその保全に努めなければならないことを意味する。保全のための努力とは、休日をどう楽しく過ごすか、リビングルームをどう快適な場所にするか、金融資産をどう管理するかなどについて知恵を出し、実行に移すことである。

もし、一方が他方に対して努力を押しつける行動（フリーライド）に出れば、押しつけられた方は不満に感じるだろう。また、押しつけられた方も努力を放棄すれば3要素の価値は低下し、家族という組織は崩壊へと向かう。そうならないようにするには、事前に何らかのルールを定めるなど、押しつけを防ぐ手立てを考えておいた方が賢明だろう。たとえば、相手がフリーライドしてきたときには自分も努力を放棄すると宣言しておけば、フリーライドのコストがあがるので押しつけを防ぐことができる。(6)

ただ、この方法がうまくいくのは、〝宣言〟の信憑性が高いときのみである。もし、結婚や出産を機に家事と育児に専念するため妻が仕事を辞めていたとすると、夫が非協力的な態度をとったとしても、経済的自立の困難さから妻が〝報復措置〟をとるのは難しくなる。そして、それを知っている夫は安心してフリーライドしてくる可能性がある。

夫婦のいずれかが利他的な考えの持ち主であれば、3要素は保全され夫婦の関係は維持できる。しかし、当然ながら利他性にも限度があるわけで、相手の押しつけがあまりにひどいときは〝堪忍袋の緒が切れる〟だろう。したがって、最も安全なのは夫婦がともに利他的に行動するケースである。このとき、互いに相手の嫌がる行為は避けるので、フリーライドも生じないし共有の資産は保全される。

普通の家庭であれば、夫婦がどのような考えに従って行動しているか表面化することは少ない。夫による家事や育児の押しつけが多少はあったとしても、妻にとっての負担がそれほど重くなければ耐えられるレベルに留まるかもしれない。

ところが、障害児のいる家庭ではそうはいかない。たとえば、ダウン症の場合、出産時から障害の存在がはっきりわかる。そして、妻は自分が障害児を産んだことに対して少なからずショックを受け、また責任も感じている。そのときに夫のとる態度で利己／利他のレベルが明らかになる。産まれた子どもに会うことすら拒み、妻に向かって「俺の子じゃない」とか「お前の責任だぞ」などと口走る夫は100％利己的である。他方、「2人で力を合わせて育てていこう」と妻を励ませば利他的な考えを持った夫である。

子育ての段階でも同じことが起こる。発達障害では、子どもの成長とともにその内容が徐々に明らかとなってくる。普段から子どもと接する時間の長い母親が、発語が遅い／落ち着きがない／物忘れが激しい、などといった特徴に気づいたとき、まずは夫に相談するだろう。それに対して、「俺は忙しいんだ、子育てはお前に任せている」と言う夫は利己的であり、子どもの様子を具体的に話すよう促し、どうすればいいか一緒に考えるならば利他的な夫である。

そして、子どもが特別支援学校に通うようになると、保護者会や学校行事などで親が学校を訪れる機会が増える。進路についても、施設への通所か、企業に就職するかなど家族としての意思決定が必要となる。進路が決まった後も、自宅から通うとすれば、施設や企業との円滑なコミュニケーションが求められることも多い。

子どもは夫婦にとって共有の〝財産〟であるが、障害児が産まれるとその保全のために相当程度の追加的な努力が求められる。つまり、さまざまな局面で夫婦の利己／利他のレベルが試されるようになるのである。

子離れができない親

これまで述べてきたように、障害児のいる家庭では育児がそのまま介護や介助といった福祉サービスへと移行するため、物理的に親離れ／子離れのできにくい状況がつくり出される。この状況が長く続くと、親にとって子離れの心理的なハードルもあがってくる。その背景として2つの要因が考えられる。

第1に、子育てに関するこだわりが強くなりすぎることだ。産まれたときから最も長く時間を共有している親は、子どものことは自分が一番よく知っていると思いがちである。ただ、それはあくまで経験知に過ぎず理論から導き出されたわけではないため、福祉のプロからすれば、親の思い込みが子どもの成長の芽を摘んでいるように見えるかもしれない。そうした外部からの指摘に対して親が謙虚に受け止めず反発すれば、福祉のプロは口をつぐみ、親はますます子どもを抱え込むようになるだろう。こうして、本来利他的であるはずの子どもの世話がいつしか親の利己的な活動に変化してしまうのである。

第2は、血縁によるコミットメントの影響力である。血のつながりを重視する日本では、育児は親の務め、親の介護は子の務めという考え方が根強い。そのため、障害児の介護や介助についても子どもを産んだ親に責任があると見られがちである。この強いコミットメントは親をホールドアップの状態に陥らせるだろう。つまり、外部の福祉サービスに頼ることで周囲から〝育児放棄〟とみなされ、〝薄情な親〟と思われるのを懸念するあまり、いつまでも子どもを抱え込まざるを得なくなるのである。

いつまでも子離れができない状況は、夫婦の仲にも大きな影響を及ぼす。母親による育児が既定路線となっている日本では、障害児の世話も圧倒的に母親がかかわっている。前に述べた2つの理由から母親が子どもべったりになると、父親は家庭内で疎外感を持つようになる。もちろん、これには育児に積極的にかかわろうとせず、利己的な行動をとる父親サイドにも原因があろう。だが、いずれにせよ夫婦の関係が悪化することだけは間違いない。こうして結婚生活の破綻、すなわち離婚へとつながるのだ。私の知っている範囲の情報や福祉関係者の話などからも、障害児を持つ親の離婚率はかなり高いのではないかと思われる。

きょうだいは意図して血縁になったわけではないため、親子ほどの強いコミットメントで結ばれているとは限らない。言い換えれば、障害を持つきょうだいに対して利他性を発揮するように縛られることはない。

障害児のきょうだい

そのため、きょうだいに対する感情や行動はかなりストレートに表に出てくる。たとえば、親が障害を持つ子どもにかかり切りになると、そのきょうだいは自分が大切にされていないと思うようになり、そこからの不満が親に対してだけではなく、障害を持つきょうだいの方へも向かう。〝障害がある〟という理由だけで親から特別扱いされるのが不公平だという思いである。また、きょうだいが同じ学校に通うケースでは、きょうだいの障害をネタにいじめられることもある。このようなことが続けば、〝障害〟そのものに対する憎しみも生まれてくるだろう。

親としては、こうしたきょうだいの心理的な影響について察知し、的確な対処が求められるのは言うまでもない。しかし、これよりもさらに重要なことがある。それは、将来きょうだいに降りかかってくるであろう負担の重さである。

たとえば、父56歳、母51歳、兄22歳（大学4年）、弟19歳（大学1年）の4人家族を想定しよう。ここで、もともと発達障害のあった兄が就職活動の失敗から精神障害を発症し、通っていた大学を中退して家に引きこもったとする。一方、弟には障害はなく、4年後には企業に就職し、社会人として寮生活をスタートさせる。この時点で、父60歳、母55歳、兄26歳、弟23歳となっている。

さて、それから5年経ったとき父が病気で他界し、家は母と兄の2人暮らしとなったとしよう。そしてその翌年、夫を亡くしたショックから母（61歳）が認知症を発症したとする。兄（32歳）は相変わらず引きこもり状態で、障害者施設に通うこともしていない。弟（29歳）は引き続き働いており、会社で知り合った女性との結婚も考え始めている。さて、その後どうなるか。

それまで兄の世話はもっぱら母が担っていたが、母が認知症になったためにそれも難しくなる。そうなると頼りになるのは弟しかいない。それまで、母のお陰で兄の世話から解放されていた弟に、突然2人分の介護がのしかかってきたのである。弟は会社を辞め、在宅でもできる仕事を見つけたが、収入は以前の半分以下になった。もちろん、つき合っていた女性との結婚は諦めざるを得なくなった。

この仮想的な例からわかるように、きょうだいには後になってから負担が降りかかってくることがある。この状況を防ぐにはどうすればいいのだろうか。

こうした事態を招いた原因は親の子育てにある。つまり、親が発達障害を持つ兄の自立についてどこまで先を見通して考えていたかである。学力に問題のない発達障害の子どもは、筆記試験がある程度できればそれなりのレベルの大学に合格できる。したがって、形の上では進学できているため、親は子どもの成長にあまり不安を感じていない。そのとき、子どもの目の前に大きく立ちはだかる壁が就職活動だ。コミュニケーション能力に欠けるなどの理由から企業面接で失敗を繰り返すうちに、自己肯定感が失われ、うつ状態に陥るのである。

親がこうした発達障害者の社会適応に関する困難さを予知し、兄を発達障害の支援機関に通わせるとか、場合によっては障害者手帳を取得させ、障害者枠での企業採用の道を勧めるようにしておけば、兄は引きこもらずに済んだかもしれない。また、精神障害を発症したとしても、早めに支援機関と相談し、引きこもり状態が長引かないように障害者施設への通所などをスタートさせておけば、数年後にはグループホームでの生活や企業就労に結びつけることもできただろう。

血縁のコミットメントという縛りの意識が薄いきょうだいに過度の負担がのしかかるのはなるべく避けるべきである。障害児の世話は自らの責任として抱え込もうとする親の気持ちは理解できるが、それは逆効果だ。むしろ親には、将来を見据えて障害を持つ子どもの自立へ向けての準備をしておく責任がある。

親の自立が子どもの自立を助ける

親が障害児の世話に力を注ぐあまり、何から何までやってあげることは子どもの自立にとって望ましいことではない。しかし、障害児を産んでしまったという罪の意識や血縁によるコミットメントに縛られ、なかなか手を引くのは難しい。そして、長期間に及ぶ子育てを続けた結果、子どものすべてを抱え込み、子どもの世話をすることが自らの生きがいとなってしまう。

こうした精神的な〝依存〟状態から抜け出すのは容易ではないが、私の経験から言わせていただければ、〝こだわり〟を捨てるという仏教の考え方が参考になるように思う。仏教は現世の苦しみからの脱却を目的とするが、そのさい苦しみの原因を〝こだわり〟だと考える。「○○でなければならない」「○○したい」などの執着心があることで、それを達成できないことによる苦しみが生まれるというのだ。

資本主義の世の中では、人間が欲求を持つのは当然で、それを充足すべく努力することにより満足が得られ、社会が進歩すると考えられている。ところが、仏教の考え方では、そうした努力をすればするほど欲求が膨らむので永遠の満足は得られないとし、欲求を減らし満足を高めること、すなわち次のページの図にあるような〝少欲知足〟こそが幸福に至るための道だと諭す。

障害児の子育てについて、親が抱え込もうとする原因のひとつは、子どもの障害に対する親の〝こだわり〟にあると考えられる。障害を恥だと思う気持ちは、「この子が健常児であってほしい」という欲求の表れであり、障害児の抱え込みは「この子の世話は私にしかできない」というこだわりとはいえないだろうか。(7)

私は〝こだわりを捨てる〟ことは〝吹っ切れる〟ことだと考えている。それは突き放すことでもなく、ほったらかすことでもない。子どもの障害を受け入れ、その存在を認めるということである。これは子どもの自立にとっても望ましい結果をもたらすだろう。子どもは、親の〝欲求・充足スパイラル〟による呪縛から解放され、自らの意思に従って行動することができるようになるからだ。

少欲知足

$$\uparrow 満足 = \frac{充足}{欲求} \downarrow$$

ただ、障害児の自立にとって、親の〝精神的自立〟だけでは不十分である。もうひとつの条件は〝経済的自立〟である。さきに障害児のいる夫婦の離婚率が高いことについて言及した。離婚は夫婦にとっての選択のひとつなのでそれを否定するつもりはないが、そのとき母親が仕事を辞めていると経済的に苦しい状況に陥る可能性が高い。

障害児のいる家庭では、母親が子どものために多くの時間を割かなければならない。たとえば、子どもを普通校に通わせようとする場合や、特別支援学校でも医療的ケアが必要とされる児童では、学校側から親の付き添いを求められることが多い。こうなると母親は仕事を続けられなくなる。

こうした状況で夫婦が離婚すれば、子どもは母親に引き取られることが多いのだが、父親の経済力が乏しければ満足な養育費も受け取れないかもしれない。子どもが成人するまでは、障害の程度に応じて親に支給される「特別児童扶養手当」と障害児本人に支給される「障害児福祉手当」が合わせて月5万〜6万5000円ほどあり、成人後は障害の程度に応じて「障害基礎年金」「特別障害者手当」が月9万〜11万円ほど障害者本人に支給されるので、それと母親のパート収入を合わせて家計をやりくりすることになる。(8) 家賃を払いながら親子2人で何とか生活できるレベルの収入であるが、病気や事故など何か突発的なことが母親に降りかかればたちまち困窮状態に陥るだろう。

この状態から子どもを自立させることはほぼ不可能である。なぜなら、子どもが受け取る年金は母親の生活費にも充てられているからである。年金や手当以外にも、障害のある子どもと同居していれば、自動車税／自動車取得税の減免や高速道路の割引といった特別措置が受けられ、「駐車禁止等除外標章」により駐停車禁止場所や法定駐車禁止場所以外の路上駐車が認められる。子どもを自立させればこうした〝特典〟を手放さなくてはならないのだ。

これらの行政サービスは障害者本人の生活支援を目的とするものであり、本人の自立生活のために役立てられる制度である。それが同居する母親の生活を支えるために使われているとすれば、障害者の支援どころか子どもの自立を妨げるインセンティブになっていることになる。これはきわめて残念な結果と言わざるを得ない。

こうした事態を招いている最大の原因は、障害児を持つ親の経済力の弱さにある。経済力があれば子どもの福祉手当をあてにすることもないと思われるからだ。そして、親の経済力に決定的な影響を与えているのは退職と離婚である。障害児は貧しい家庭にだけ生まれるわけでもなく、また障害児が生まれたことだけで家計が苦しくなるわけでもない。障害児が生まれたことをきっかけに、仕事を辞めざるを得なくなったり、夫婦関係をめぐるさまざまな問題が表面化して破綻を招いたりしたことが貧しさの原因なのである。

障害者の自立のために私たちがまずすべきことは、障害児を持った親の〝精神的自立〟と〝経済的自立〟のための支援をすることである。具体的には、子どもを抱え込みがちな親に対する心理的ケアに加え、障害児が生まれたことがきっかけで親が仕事を辞めなくて済むような育児支援などの対策が考えられる。(9) 私たちは、「親の自立なくして子の自立なし」ということを肝に銘じるべきだろう。

注

(1)法務省『平成29年版　犯罪白書』より。ただし、ここでの〝親子〟とは実父母・養父母ならびに実子・養子の関係である。

(2)チャールズ・ユウジ・ホリオカ「日本における遺産動機と親子関係：日本人は利己的か、利他的か、王朝的か？」(大阪大学社会経済研究所ディスカッションペーパー・#712、2008年)

(3)経済学ではこうした考え方のことを「ライフサイクル仮説」と呼ぶ。これは、経済主体が生涯効用(自分の一生を通じて得られる効用の総計)を最大にするように行動するという意味である。

(4)メディアではしばしばスポーツや芸術などの分野で幼児期からの英才教育を施すことのメリットが取り上げられるが、そもそも成功者の数自体が少ない上に、失敗例はメディアに登場しないので英才教育の是非について注意が必要である。このように表面上の観察事例だけで判断すると真実が歪んで見えるおそれがあることを経済学では〝サンプルセレクションバイアス〟という。

(5)9割以上という結果から、妊婦の出産動機が利己的と判断するのは早計である。なぜなら、出生前診断を受けていない妊婦が圧倒的に多いからである。そもそも診断を受けるという決断をしている時点で、染色体異常があれば中絶すべきかどうか考えていると言えるのではないだろうか。さらに、新型出生前診断を提供している医療機関は限られていることから、物理的にそうした機会を得られない妊婦がいることも留意すべきである。

(6)このような宣言のことを「しっぺ返し戦略」という。ただし、この戦略が有効となるのは、コミットメントを伴う長期的な契約を結んでいるときに限られる。

(7)障害児の親が悪質な新興宗教にはまることがある。「この壺を買えばお子さんの障害が治ります」という甘言に欺されるのである。だが、こうした詐欺にひっかかるのは、親に「子どもの障害を治したい」という強い欲求があるからではないだろうか。障害は基本的に治るものではないので、親もいつかはそれを受け入れなければならないのである。

（8）「特別児童扶養手当」は20歳未満の障害児を扶養する親に対し、障害程度1級で月額5万1450円、2級で3万4270円が支給される。ただ、収入が一定額以上の家庭の場合は支給対象から外される。「障害児福祉手当」は、20歳未満の重度障害児に対して、月額1万4580円が支給される。こちらも収入が一定額を下回る家庭に対象が限られる。「障害基礎年金」の支給額は収入に関係なく、1級で月額8万1177円、2級で6万4941円である。「特別障害者手当」は月額2万6810円で、こちらも一定額以上の収入がある場合は受け取れない。

（9）2012年4月にスタートした障害児のための学童保育「放課後等デイサービス」は、「子どもの最善の利益の保障」「共生社会の実現に向けた後方支援」「保護者支援」を目的とした制度である。このうち、「保護者支援」のなかの「保護者の時間を保障するために、ケアを一時的に代行する支援を行う」という部分が、障害児の母親が仕事を続けられるようにするという目的に該当する。ただ、これがあまりに表に出すぎると、1番目の目的である「子どもの最善の利益の保障」が度外視され、親のために預かりさえすればいいというサービス提供業者の横行を招くことになる。この点についての詳細は、第5章を参照のこと。

第3章

障害児教育を考える

障害児教育のことを特別支援教育といい、そのための学校を特別支援学校という。障害児について中学校までの教育の義務化が実現したのは、1979年のことである。それまでは障害児は「学校に行く必要なし」という扱いだった。

義務教育を制度化する背景には、国民が一定の知的水準を満たすことは社会全体に便益が及ぶ〝公共財〟としての役割を果たすという考えがある。そのため、行政は国民がその義務を果たせるよう、公立学校を設立し、教員を雇うなど費用を負担しなければならない。ということは、かつて障害児がそこから外れていたのは、障害児に教育しても社会にとってあまりプラスにならないと当時の行政が考えていたことになる。[1]

義務教育化されたことにより、特別支援学校は全国に建てられるようになり、2017年時

図表3–1　特別支援学校の学校数、在学者数、教員数の推移

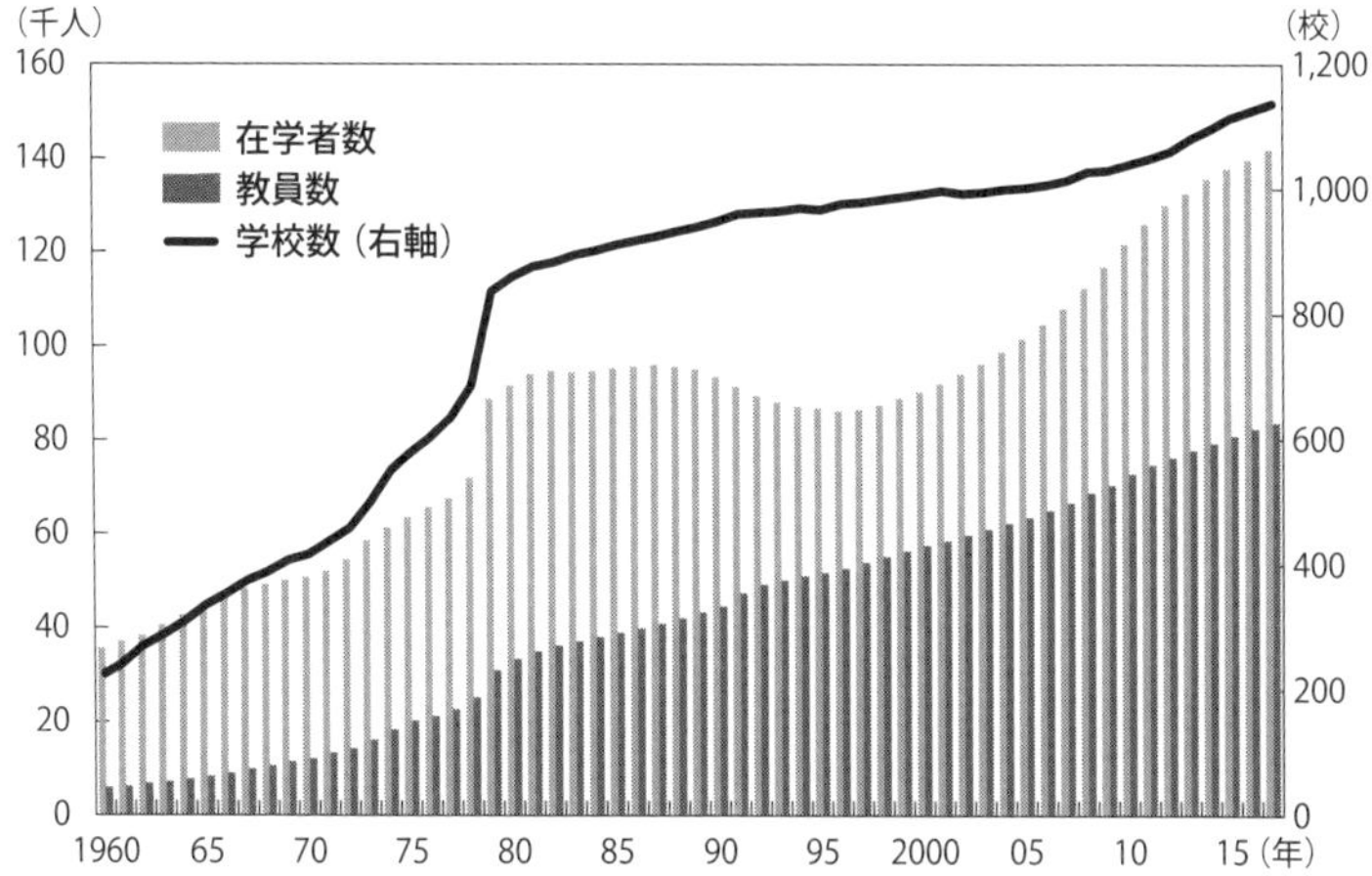

（出所）文部科学省『学校基本調査』

点でその数1135校、在学者数14万2000人、教員数8万4000人である。図表3–1にあるように、少子社会になった現在でもその数は増え続けている。

さらに、特別支援学校では教員1人に対する生徒数は1・7人で、同14・4人の普通校に比べ、教員の占める割合が圧倒的に高い。そのため、生徒1人あたりの教育費は725万円（年額）となっており、普通校の7〜8倍の費用をかけている。(2)

本章における第1の課題は、これだけの費用をかけて行われている特別支援教育は何を目指しているのか、現状を踏まえて考察することである。第2の課題は、近年注目が集まっている発達障害者向けの高等教育のあり方を考えることである。ひと口に発達障害と

いっても、その内容は自閉スペクトラム症（ＡＳＤ）、注意欠陥多動性障害（ＡＤＨＤ）、限局性学習症（ＳＬＤ）など多岐にわたる。なかには知的水準の高い生徒も多数含まれており、そのまま大学に進学し、学生生活や就職活動でつまずくケースが増えてきている。

この２つの課題と向き合いつつ、そもそも教育とは何なのかという難しいテーマにもアプローチしてみたい。

教育を受けるインセンティブ

人間の行動は基本的に〝消費型〟と〝投資型〟に大きく分けられる。消費型は活動そのものから満足が得られるという特徴を持っており、飲食や娯楽がそれにあたる。他方、投資型では現時点での活動の成果が蓄積され、後になってから満足が得られる。病気の治療やスポーツのトレーニングが例としてあげられる。

この分類に従えば、教育は明らかに投資型の活動である。学生時代に勉強することで知的水準があがれば、将来、自分の好きな仕事に就いたり、充実した生活を送ったりする可能性が高まる。

ところが、こうした教育の目的について、勉強する本人がどれだけ理解できているかは心許ない。なぜなら、大人になってから「学生時代にもっと勉強しておけばよかった」と後悔する人たちが多数見受けられるからである。

したがって、国民の知的水準を向上させることが責務と考える行政は、何らかの手を打たなければならない。そこで考えられる方法は3つある。第1の方法は、教育機関の権威づけである。戦前の師範学校のような教員養成校を設立し、そこを卒業したエリートに生徒を教育する権限を付与するというやり方である。そのしくみのもとでは、教員は世間から尊敬される存在となり、生徒や保護者はその命令には従わなければならないという図式ができあがる。

だが、この方法は現在では通用しない。戦後に実施された教育の民主化政策により、行政が学校を管理し、生徒をルールで縛りつけるというやり方は排除された。それに伴い、教員の権威は薄れ、保護者との関係も対等となり、指示に従わない生徒がいたとしても罰を与えることは許されなくなった。

第2の方法は、生徒あるいは保護者の競争心の活用である。その典型がいわゆる受験競争だろう。学校を入学者の学力に基づいて格付けし、生徒には少しでも格上の学校に進学するよう、保護者にはそれを後押しするようインセンティブを与える。

これも効果は限定的になっている。その理由は高校がほぼ全入状態になったためである。1960年には57・7%だった高校進学率は2017年時点で98・8%に達している。なかには定員割れを起こしている高校もあり、学校数もピーク時より1割以上減っている。つまり、高校に入るためだけなら競争する必要はなくなったのだ。小中学生が競争するのは、有名進学校を受験するときだけである。

第3の方法は、教育に消費的要素を加味することだ。すなわち、学校や教師が教育の投資的側面を理解した上で、生徒を楽しませながら学習に向かわせるようにすればよい。前の2つの方法がうまくいっていないので、いま効果が期待できるのはこの方法だけではないだろうか。

ただ、ここで難しいのは、どのようにして消費的要素を取り入れていくかという点である。私も教育者の端くれなのでわかっているつもりだが、時の過ぎるのを忘れるほど楽しく、それでいて知的水準もしっかりあがるような授業のできる教員はきわめて少数だと思われる。こうした能力は教職課程での学習だけで身につくものではなく、教員のセンスによる部分が大きいだろう。

教員のインセンティブ

企業などで働く従業員にとって一生懸命仕事に励むインセンティブは、基本的に成果に見合った待遇を受けることである。すなわち、給与が増える、昇進する、秘書つきの個室がもらえるなどがそれにあたる。もちろん、仕事のやり甲斐や面白さも重要だが、営利企業では従業員の努力は利益につながるはずなので、報酬やフリンジ・ベネフィットという形で見返りがあることが仕事へのモチベーションになる。

その点、教員へのインセンティブの付与は難しい。その理由は、教育の成果には多様性があり、しかも学校の利益とは直結していないからである。予備校ならば進学実績や生徒の評判を講師の評価材料とすることに問題はない。なぜなら、予備校に通う学生なら誰しも、勉学意欲を高めるような授業や的確な指導を受けて志望校に合格することを望んでいるからである。

ところが、一般の学校の場合、生徒のニーズは「進学のために勉強したい」「生涯の友をつくりたい」「部活を頑張りたい」などさまざまだろう。しかも、その成果は卒業時に表れるとは限らない。部活でやっていたスポーツを社会人になってから再開することもあるだろうし、学生時代の友人関係が長い年月を経てから復活することもあるだろう。そんな学校で、生徒の成績によるインセンティブ給を導入したらどうなるだろうか。教員は部活動をほどほどにするよう生徒に勧めるだろう。授業ではテスト範囲しか扱わないし、もしかするとあらかじめテスト問題を教える教員まで現れるかもしれない。

したがって、学校教員の場合、給与は年功に基づく固定給とならざるを得ず、金銭的なインセンティブがないことから、努力を促すには別の動機づけが求められる。それは、第2章で述べた子育てのケースとほぼ同じである。すなわち、教員自身の満足のためという利己的動機か、生徒の満足のためという利他的動機のいずれかである。(3) そのうち、前者では、生徒の反応はともかく教員が自分の教育信条に従い、自ら打ち立てた目標を達成するために頑張るという形になる。他方、後者の動機では、教員は生徒の喜ぶ顔を見ることや生徒自身の目標達成が仕事の励みになる。

障害児教育のインセンティブ

それでは、障害児教育の場で生徒と教員のインセンティブはどのように働いているのだろうか。まず、障害児本人が明確な意思表示をできる状況ならば、前節と同じ議論があてはまるため、ここで特別に取り上げる必要はないだろう。問題となるのは、重度の知的障害児または重症心身障害児のように意思表示ができなかったり、表示できたとしてもその実施が困難なケースである。

こうしたときには、障害児本人の代わりに親のニーズが反映されやすくなる。重度障害の子どもを日常的に介護する親の肉体的／精神的な負担は相当に大きい。そんな親にとって特別支援学校は、手のかかる子どもを日中無料で預かってくれるデイサービス提供業者のようなありがたい存在なのである。

一方、プロの教育者である教員は、こうした親のニーズにどう対処すればいいのだろうか。日中預かって介護するだけなら福祉事業者のすべき仕事であり、施設職員の数倍の給与をもらっている教員のやることではない。そこで教員自らが特別支援教育のミッションを考える必要がある。そのひとつが、「普通校の児童と同じ経験をさせる」というものだ。

肢体不自由児の通う特別支援学校で行われる運動会はその典型といえる。一般に肢体不自由児は運動が不得意である。なかにはストレッチャーに仰臥したままの重症児もいる。そのなかで目を引くのは、運動会のために自ら作成したと思われる装置を操る教員たちの生き生きとした姿である。そして、来場している保護者は嬉々として子どもの姿をビデオに収め、雛壇に座る来賓は手を叩いて応援し、ときに感動の涙を流す。

肢体不自由児本人の身になって考えてみれば、運動会に参加するということは、聴覚障害者が聴力の競争に参加したり知的障害児が学力コンテストを受けたりすることと同じである。こうした運動会に熱意を燃やす教員は、障害児たちが比較劣位にある能力で競うことによって、本人にどのような教育上の効果が生まれるか考えたことがあるのだろうか。教員の仕事のやり甲斐とか親や来賓の感動のための運動会ならば、教育予算ではなく、そうした人たちからの寄付で費用を賄うべきだろう(4)。

就労支援というミッション

利他的動機に基づいて教育サービスを行うためには、生徒自身に何らかの目標があることが望ましい。どんなに重い障害がある生徒であっても、子どもたちに少しでも成長の可能性があるならば、それを見いだす努力をする。そうすれば、何らかの進歩があったときには、生徒本人や保護者と喜びを分かち合うこともできる。

一方、比較的軽度の知的障害者には、企業への一般就労という可能性がある。第6章で詳しく述べるが、民間企業には障害者を一定割合雇用する義務が課せられている。義務を果たさないと企業名が公表されることもあるため、企業には働ける障害者を雇う動機がある。そんな企業にとって、軽度の知的障害者は願ってもない存在といえる。

こうした需要の高まりに敏感に反応したのが首都圏の教育委員会や教育庁である。それは当然の流れだろう。なぜなら、企業の本社は東京に集中しており、勢い障害者向けの仕事も首都圏に集まっているためだ。

東京都はその中心的な存在である。東京都教育庁は、都教育委員会が3次にわたって策定してきた「特別支援教育推進計画」に従い、これまでに就労率100%を目指す職能開発科と就業技術科を7つの学校に設置してきた(5)。その就職実績はめざましいものがあり、最初の卒業生が出た2009年以来、就労率は9割以上をキープしている。3年間のカリキュラムは、1年次に事務、清掃、介護などひととおりの作業を経験し、2年次には段階的に就労分野を絞っていき、3年次に就労先を定めて専門的な知識と技術の向上を図るというもので、3年間かけて職業訓練を実施する学校といえる。

ただ、これらの学校には定員があり、誰でも入学できるわけではない。選考は調査書、適性検査、面接によって行われ、2017年度入試では460人の募集人数に対して590人の応募があった。そのうち、適性検査は漢字の読みや計算能力といった基礎的学力に加え、レシートの見方、小遣い帳の作成、ラベルの切り貼りなどの作業、作文からなり、問題量も半端なく多い。問われている内容も、企業での仕事をこなす能力を備えているか確かめるものがほとんどだ。つまり、入学を希望する生徒は、適性検査を見据えた試験対策をしておかなければ合格できないのである。

このような選考を行えばどうなるかは目に見えている。障害児向けの受験塾の誕生である。こうした塾のホームページを見ると、「学科、面接、作文、作業試験の対策だけでなく、試験に臨む態度や自己管理の仕方なども学ぶ」とされ、合格者の声として「模試では点数が悪くて落ち込んだけれど、間違えたところを家でも復習したので本番までに苦手な単元を克服できた」などと紹介されている。

この状況を見れば、これらの学科卒業生の就労率が高いのは当たり前であることがわかるだろう。なぜなら、障害者枠で企業に採用されるために必要とされる知識を確かめるような設問が出題されていて、それを制限時間内にしっかり解ける生徒が入学を許可されているからである。つまり、ここでの〝適性〟とは〝企業に採用されやすい〟という意味なのである。(6)

果たしてこれが公教育のあるべき姿なのだろうか。都民の税金で運営されている公的機関において、就職率100%達成を目標に掲げ、軽度の知的障害者のなかでも選りすぐりの生徒たちだけを集めて特別な職業訓練を施すのは障害者という枠組みのなかで公然と行われている差別だろう。(7) 公的機関が実施する職業訓練ならば、最も就労が難しいと思われる生徒たちを集め、立派に就職させてこそ成果と呼べるのではないだろうか。

コラムD

神奈川県のインクルーシブ教育

2015年9月、神奈川県教育委員会は「県立高校改革実施計画」と題し、III期12年にわたって「スチューデント・ファースト」を目指した高校教育改革に取り組むことを発表した。

そこでは、重点目標のひとつとして「共生社会づくりに向けたインクルーシブ教育の推進」が掲げられ、インクルーシブ教育実践推進校を12年間で20校まで増やすと書かれている。そして、翌年1月に示された第1期の実施計画では、パイロット校として3校が指定され、2017年より生徒が入学してきている。

2017年9月、そのうちのひとつである県立茅ヶ崎高校を訪ねた。軽度の知的障害のある1年生8名が7つのクラスに分かれて授業を受けている。入学に際しては、周辺地域においてインクルーシブ教育を実践している中学校の校長から推薦を受けた生徒に対し、面接や学科試験を実施した上で受け入れを決めている。教室には科目担当教員に加えて支援副担任の教員が入り、障害のある生徒に対する教育補助的な業務を担当している。授業についていくのが難しくなったときには、別室で教科指導も受けられる。部活動も本人の希望を聞いた上で普通に参加しているという。

開始1年目のパイロット校ということもあり、教員たちのモチベーションはきわめて高い。支援副担任も障害のある生徒につきっきりというわけではなく、他の生徒にも目配りし、教室内の授業における補助的業務全般を担っているようだった。

こうした指導体制に対しては、生徒本人はもとより保護者たちの評判もすこぶる良好だ。「学校や部活が楽しい」「苦手な教科でも先生にすぐに聞ける」という生徒の感想や「学校のことを家でよく話す」「楽しく通っている」といった親の声も聞かれる。また、一般の生徒たちの親も、手厚い教員配置がされているので障害者がクラスにいることをむしろ歓迎しているそうだ。

ただ、「インクルーシブ教育」の目的は、あくまで障害を持つ生徒たちが高校生活トータルをエンジョイすることなので、そうした生徒向けの特別な職業訓練の時間は設けられていない。そこが本章で紹介した東京都の「特別支援教育推進計画」と明確に異なる点である。つまり障害の軽い高校生だけを一か所に集めて職業訓練をさせるのではなく、障害が軽いからこそ教員や友人らの支援を受けつつ、勉学や部活動など他の高校生と同じ高校生活を送ることを目指すわけだ。そして、卒業後の進路については、直ちに特例子会社などに就職するのではなく、仕事のスキルを身につけるために「神奈川障害者職業能力開発校」への進学や、民間企業が提供する就労移行支援サービスの利用を考える保護者もいるという。

こうした神奈川県の試みは〝教育とは何か〟という本質的な問題に対するアプローチのひとつと解釈することができる。その成果がどう表れるかは、私たちが〝共生社会〟の意味についてどれだけ深く理解しているかにかかっているといえるだろう。

●県立茅ヶ崎高校の訪問にあたっては今村博実氏のご協力を得た。

特別支援教育から学ぶ教育の意味

ここで取り上げた東京都の特別支援教育の状況は別に特殊ケースではない。なぜなら、どこの学校も直接／間接に就職や進学を売り物にして生徒を集めているからである。学力偏差値が高いとされる大学は、学歴というシグナルの有効性を前提に学生を集めているし、そうでないところは語学の習得や資格の取得を学生に奨励し、高い就労率を達成することで生徒を呼び込もうとしている。

そもそも就職が教育の目的といえるかどうかも定かではない。(8) 明治初頭の日本は、ドイツ流の教育システムである学問修得と職業教育の棲み分け方式を導入した。すなわち、全国に7つあった帝国大学は最高学府としてエリートを育成する任務を負い、専門学校は職業と直結した訓練を実施する場所としたのである。ところが、戦後、アメリカ流のリベラルアーツ教育が導入されると、旧制高校と専門学校は大学に格上げされ、旧来のシステムとのハイブリッド型となった。すなわち、教養課程2年と専門課程2年というどっちつかずの形として残ったのである。

このシステムのもとでは、よほど優秀な学生でない限り、豊かな教養を身につけた上に、専門分野の学問を修得して卒業するといった離れ技をやってのけるのは不可能だろう。実際、（理）

工学部の学生が技術者として企業に採用してもらうには、大学院修士課程の修了はほぼ必須であるし、医師を育成する医学部ははじめから6年間の就学期間を設定している。文系学部において大学のミッションと社会のニーズが遊離している背景には、このような現在の大学の置かれた中途半端な状況があるといえる。

ここで特別支援教育のあり方を考えることは、教育とは何かという問題を考える上でのヒントを与えてくれるように思う。なぜなら、そこでは教育サービスを提供するさいの重要な要件のひとつである生徒自身のニーズや目標が表明されにくく、さらに教育そのものの成果も見えにくいからである。

たとえば、職能開発科と就業技術科では、企業による障害者枠での採用を目指していることから、基本的に訓練内容がその枠内での作業に留まっている。第6章で述べるように、現状の企業による障害者雇用は、法律で定められた雇用率をクリアすることに優先順位が置かれ、必ずしも障害者の潜在能力を本業で活用しようという形になっているとは限らない。したがって、学校で生徒たちが受ける訓練も、事務や清掃などの単純作業に留まり、真の意味での能力〝開発〟にはなっていない。就職のための準備ならば、民間企業が出資して専門学校を設置し、そこに中学や高校を卒業した障害者を集めて現役の社員を講師とした職業訓練をすればいいだろう。企業で働いた経験のない教員が指導するよりもよほど効率的だ。そして、本当に意欲のある生徒を対象とする意味からも保護者から授業料をしっかり徴収することが望ましい[9]。教育機関を名乗っている以上、学校は企業への就職のための予備校であってはならない。教育の本来の目的は豊かな人間性を育てることであって就職ではないからだ。そして、教育は子どもたちの可能性を引き出し伸ばすものでなければならない[10]。障害の陰に隠れ、潜在能力を見いだしにくい障害児の教育を担う特別支援学校こそ、その模範を示すべきである。

障害のある学生のための高等教育

２０１７年３月、文部科学省の審議会である「障害のある学生の修学支援に関する検討会」（座長：竹田一則筑波大学教授）は「第二次まとめ」なる報告書を提出した。その内容は、２０１６年４月に施行された「障害を理由とする差別の解消の推進に関する法律（障害者差別解消法）」を踏まえ、大学、短期大学、高等専門学校（以下、大学等）の高等教育機関における障害学生への配慮の必要性を論じたものである。

中身の議論に入る前に、事実確認をしておく必要がある。日本学生支援機構の調査によれば、２０１５年５月時点で大学等に在籍する障害のある学生は２万１７２１人に達しており、10年前の４倍という勢いで増えてきている（図表３－２参照）。なかでも、病弱・虚弱、発達／精神障

図表3-2　高等教育機関における障害のある学生の在籍者数

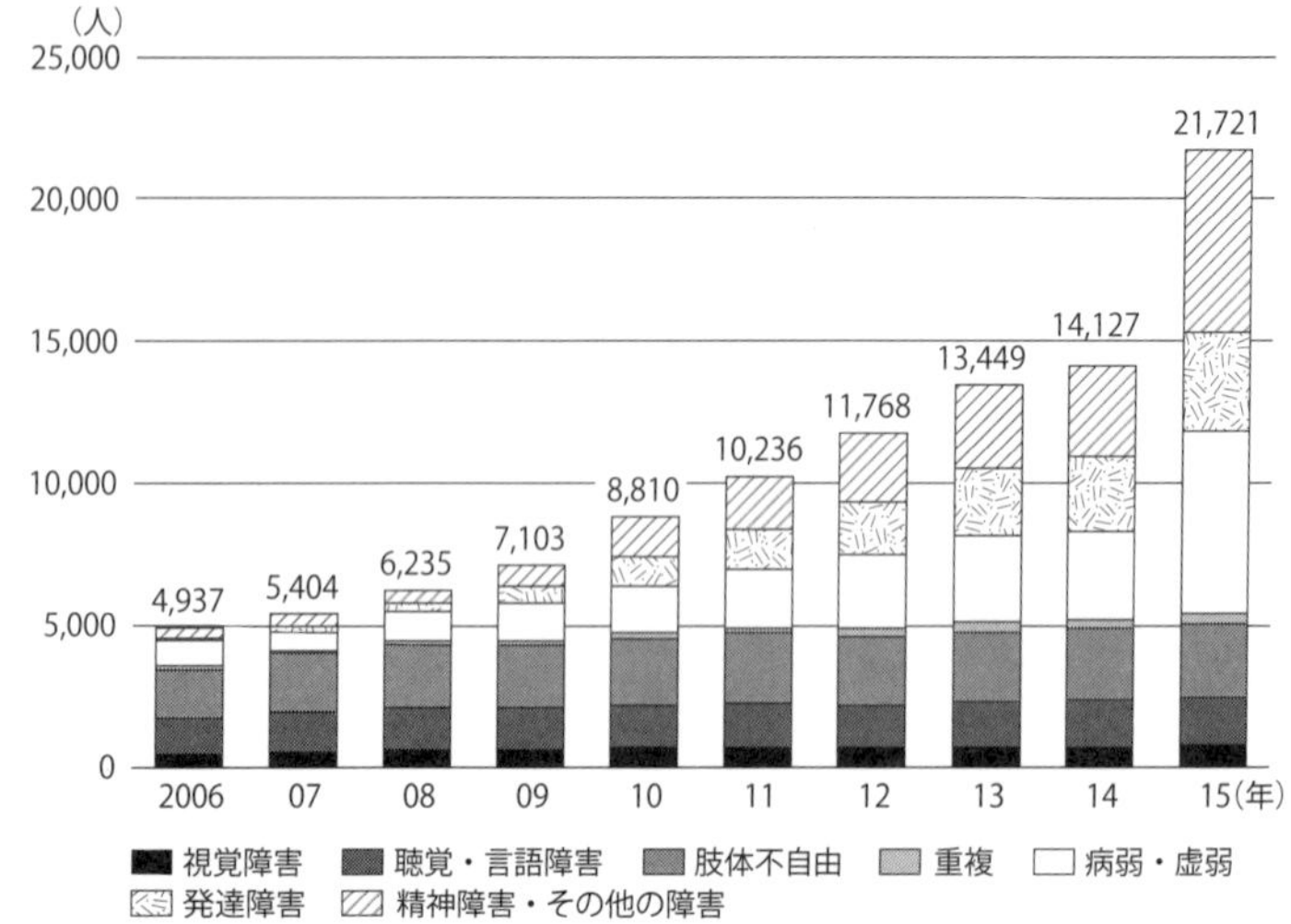

（出所）日本学生支援機構『障害のある学生の修学支援に関する実態調査』

害を持つ学生の増加が著しく、同報告書ではその原因として学校側の把握が進んだためと分析している。そして、これらの学生に対する支援は以前より進んではいるものの、いまだに4割の大学等で相談窓口が設置されておらず、支援に関する専門委員会が設置されているところは2割程度に過ぎない。また、卒業した障害のある学生については、進学が12％、就職が50％となっていて、4割近くは進路が決まっていない。

　報告書はこうした現状を踏まえ、①教育環境の調整、②初等中等教育段階からの引き継ぎの円滑化、③就労支援の充実、④大学間ならびに関係機関との連携、⑤支援のための人材養成、⑥教職員と学生の理解促進、⑦支援に関する情報公開、を取り組むべき課題として提言している。

これまで大学は障害のある学生の支援に前向きとは言えなかった。その理由は、そもそも大学とは、学生に広範囲な自由を与える代わりに、あとは自己責任というスタンスだったからである。一方、学生も、それを当然と考えていたため、当初から進学を諦めるか、相当なコストをかけ周囲の助けも借りるなどして大学に通ったのである。[11]

しかし、自由の保障と自己責任は一体的にとらえるべきではない。障害者の場合、そもそも自由を与えられても、それを享受するにはさまざまな制約があり、そうした制約を取り除くか緩和するための措置もセットにして考えなければ意味がないからである。今回の報告書は、障害者の学ぶ権利を保障するため、すでに在籍する学生も含め大学等に配慮を要請したものと解釈できる。

どのような配慮が必要なのか

大学は義務教育ではないので、進学を希望する学生には明確なニーズがあるはずだ。他方、大学にはそれぞれ教育理念があり、それに相応しい学生を選ぼうとする。そして両者がマッチしたとき、晴れて入学ということになる。

したがって、入学時に大学に求められる配慮は、大学のアドミッションポリシー（AP：入学者受け入れ方針）に適した能力を有する受験生が別の要因によって入学者選考で振り落とされる可能性があるとき、その要因を除去するようなものとなる。たとえば、視覚障害の受験生には点字による受験を認めるとか、社会不安障害を抱える学生にはトイレに近い少人数教室で受験させるといったものがそれに該当する。

そして、入学後に大学が実施すべき配慮は、他の一般学生と同様の修学条件を設定することである。それは、車椅子を利用する学生には教室や図書館など大学の設備へのアクセシビリティを確保すること、聴覚障害の学生にはノートテーカーをつけることなどである。

ここで難しいのは、どのような障害に対して、どこまで配慮すべきかという点である。これは大学が受験生向けに提示しているAPの内容とかかわってくる。

たとえば、慶應義塾大学のAPには、「創設者福澤諭吉の志を使命とし、独立自尊の人格を育成し、精深な学術の理論と応用を研究教授して、広く社会の先導者を養成するとともに、文化の発展に貢献することを目的とし、受験生の学歴背景を尊重し、能力・適性等を多面的に評価することにより、日本と世界の未来を先導する入学者を受け入れる」と書かれている。

また、早稲田大学のAPは、「(同大学の）成果のすべてはより良き世界の構築へ貢献することを最大の目標とし、社会を構成する人と自然を愛し、人類社会の解くべき課題と行くべき先を指し示し、新たな世界を切り拓いていくことであり、本学の教育に耐えうる基礎学力を持ち、本学の理念である進取の精神に富んだ知的好奇心が旺盛であり、同時に、地球社会に貢献する意志が強く勉学意欲の高い学生を世界のあらゆる地域から迎え入れる」となっている。

そして、東京大学のＡＰは、「国内外の様々な分野で指導的役割を果たしうる『世界的視野をもった市民的エリート』を育成することを使命とし、本学の教育研究環境を積極的に最大限活用して、自ら主体的に学び、各分野で創造的役割を果たす人間へと成長していこうとする意志を持った学生を求める」という内容である。

長々と引用したが、ここからわかったことは、総合大学であればどこも似たり寄ったりの抽象的な内容のＡＰということである。なぜなら、具体的に書くと、それを反映した入学者選考を実施する必要があり、多数の学部を持ち受験生の多い大学ではとても対処しきれないからである。そのため、建前としてのＡＰはともあれ、入試はなるべくコストのかからないペーパーテストということにならざるを得ない。

ただ、ペーパーテストでは考査できる内容も限られる。そして、一定の点数に達しさえすれば合格できるので、結果として大学はさまざまな特性を持つ学生を受け入れていることになる。なかには、学力は高いものの、コミュニケーションに困難さを抱える自閉スペクトラム症（ＡＳＤ）、注意欠陥多動性障害（ＡＤＨＤ）、そして読み書きなど特定の学習能力に欠ける限局性学習症（ＳＬＤ）などを持つ学生もいるだろう。そして、こうした学生は、入学したあと授業についていくことの困難さや人間関係のストレスなどから精神障害を発症することもありうる。

外見上、機能不全が見て取れる身体障害の学生に対しては、大学もどのような配慮をすればいいか比較的わかりやすいだろう。設備を整えたり、人員を配置するなどハードウェア型の配慮が中心となるからだ。しかし、第1章で述べたように、発達障害は外から見えづらく障害に気づきにくい。障害が明らかになったときには、学生は大学に行くこと自体を諦めているかもしれない。大学には、障害学生への支援体制を整えた上で、その存在を周知させ、困難さを抱えて支援室を訪れたさいには各々の特性に応じた〝案ずるより産むが易し〟的な配慮をすることが求められるのである。

発達障害学生への配慮はどうあるべきか

２０１７年４月、筑波大学は旧来の部署を再編し、新たに「ダイバーシティ・アクセシビリティ・キャリアセンター」という組織を立ち上げた。同センターはミッションとして、①学生を含むすべての構成員及び大学事業への参加者の基本的人権の尊重及び個人の尊厳の確立、②文化の違いにも配慮したダイバーシティ社会の形成及び実現、③障害者のニーズに応じた社会的障壁の除去のための適切な合理的配慮の提供、④学生を含むすべての構成員の自立と社会参加を支援するための総合的かつ計画的な施策の推進、という4項目を掲げている。

発達障害学生への支援は、そのうちの③に該当する。たとえば、ASDの学生への対応としては「ルールを伝える」「明確な指示を出す」「グループ学習にこだわらない」などの工夫をするよう周囲に呼びかけている。また、ADHDの学生には「貧乏揺すりなどのクセには音の出ないもので対応する」「思ったことをすぐ言動に移す前にひと呼吸置く」「スタッフの助けを借りて優先順位を決める」などのアドバイスをしている。そしてSLDの学生への支援としては、「読み上げソフトの活用」「資料の配付やPCによるノートテイク」「試験形態での工夫」などによって学習上の障害が起こらないようにする。

こうした配慮は、一律に決められるものではなく、それぞれの学生が大学生活のどこに困難さを抱え、どの部分を補助すれば期待どおりの学習効果があげられるかという点に着目したものである。そのため、同センターは、当事者である学生自身が考案した対処法も参考のために公表している。たとえば、「話を聞いてもどこが大事かわからない」という困りごとに対しては、「ノートをとるのがうまい友だちの近くに座って、友だちがノートを書くタイミングで先生の話をメモにとる」といった解決法が紹介されている。

ただし、ここで問題となるのはキャリア形成支援、すなわち就職活動への支援である。就職活動は、学生にとって初めて経験する実社会での真剣勝負である。自分の能力を企業に伝え、自分を売り込まなければならない。こうした能力に欠ける発達障害学生は就職活動で苦労することになるだろう。そして、失敗を重ねるうちにう〻つ〻病や精神障害を発症することもある。こうした2次障害を起こしてから、元々の原因が発達障害にあったということに気づくケースも多いという。

だが、就職ばかりは、企業が相手だけに大学サイドの生半可な努力だけではどうにもならない。また、大学の教職員のなかには、民間企業での就労経験を持たない者も多く、企業とのやりとりが必ずしも得意というわけではない。さらに、障害学生の就職支援ばかりに大学が注力すれば、就職活動で苦労している一般の学生から、なぜ特定の学生にだけ手厚い支援をするのかという不満も出てこよう。一方の企業サイドとしても、よほど突出した能力のある発達障害学生ならばともかく、あえてコミュニケーションの困難な学生を採用しようとは思わないだろう。

そこで再び登場してくるのが、企業に課せられた障害者の雇用義務規定である。もし、発達障害学生が障害者として認定されるのであれば、そうした学生を採用することで障害者枠を埋めることができる。しかも、知的能力自体には問題はないので、できないところに目をつぶれば、そこそこの仕事はやれそうだということになる。まさに企業にとって〝都合のいい〟人材というわけである。

大学サイドとしては、入社後に発生しうるトラブルを避けるという意味から、訓練によって発達障害の症状が表に出ないようにするよりも障害者認定を受けさせ、障害者枠として企業に就職させる方が効果的な支援になると考えてもおかしくはないだろう。

コラムE

香港大学の障害学生支援

本章で述べたように、日本でもようやく障害を持つ大学生への支援の動きが進みつつある。海外の事情がどうなっているかを知るため、近年ダイバーシティ教育に力を入れているといわれる香港大学を訪ねた。

同大学にはCentre of Development and Resources for Students（CEDARS）という部署があり、障害を持つ香港大生が他の学生と区別のない学生生活を送るためのワンストップサービスを提供している。その所掌範囲は、機能不全を補うための機材の貸し出しはもとより、ボランティア学生の手配、勉学ならびに就職のための相談や支援など多岐にわたる。

訪問時が学期末にぶつかったこともあり、図書館や学生会館のブースはどこも満席状態で、学生たちはレポート作成や試験勉強に追われていた。クラウド・システムの導入により、学生はキャンパス内の至るところに設置されている端末のなかから使いやすいものを選んで課題に取り組むことができる。山の斜面を削ってつくられたお世辞にも広いとはいえないキャンパスではあるが、機能性に優れ、障害学生へのアクセシビリティも完璧である。

ディスレクシアなど学習障害を持つ学生は、必要性が認められれば講義のビデオ・サービスも受けられる。すなわち、理解が深まるまで何度も講義を聞き直すことができるのである。ただ、こうしたサービス提供がスタンダードになるためには、学生が講義に出席するのは当たり前という学習環境の存在が必須だろう。講義にほとんど出なくても簡単に単位がもらえるような状況では、学習障害を持つ学生からこうしたニーズも出にくいと思われるからだ。

障害学生への就労支援については、夏季休暇を利用したインターンシップが実施されている。香港では企業に障害者雇用が義務づけられていないため、企業は障害者であっても本当に必要な人材しか採用しない。そこで、インターンシップ期間におけるCEDARSスタッフの任務は、企業に対して学生の〝できないこと〟ではなく〝できること〟に目を向けてもらえるよう説明することだという。障害者を雇った経験のない企業に納得してもらうには相当な努力が必要だそうだ。日本のように「障害者手帳」という〝切り札〟は使えないのである。

驚かされるのはCEDARSで実際に学生支援に携わっているスタッフの有能さだ。ほぼ全員が大学時代に障害福祉や教育心理などを専攻しており、支援の考え方にブレがなく、私の意地悪な質問に対しても何ら臆することなくスラスラと答える。こうした人材の育成があってはじめて高等教育機関の障害者支援が可能になると改めて実感させられた香港大学の訪問であった。

●香港大学での取材にあたっては、同大学 Dean of Student Affairs の Dr. Eugenie Leung ならびに Dr. Yoshiko Nakano よりお力添えを賜った。

発達障害学生の就労支援は大学のすべき配慮なのか

先に紹介した3大学のAPを見ても、そこには「企業にとって戦力となりうる学生を受け入れる」という文言は登場してこない。また、教育上のミッションに「学生を希望する企業に就職させる」と書かれているわけではない。特別支援教育のところでも述べたように、教育の役割は人間としての可能性を広げることであるから、企業の求める人材を育てることは職業訓練であって教育ではない。

大学まで進学してきた発達障害学生ならば、知的能力のどこかに優れたところがあるわけだから、そこを見いだし、さらに伸ばすのが大学の役割であり、大学に求められる配慮は、その過程で障害となるさまざまな制約を取り除くことである。[12] したがって、空気が読めなかったり、そわそわしたりするので、このままでは一般採用での企業面接に通らないから、そこを何とか克服させるとか、障害の存在を認めさせ、特別枠での採用を奨励するといった支援は大学のすべき配慮とは思えない。

本来、発達障害特有の落ち着きのなさやコミュニケーションの難しさへの対処は、大学に入る前の特別支援学校を含む中等教育機関または放課後等デイサービス（障害児向けの学童保育のようなもの）での〝療育〟によってなされるべきだろう。実際、こうした療育を受けていない発達障害の生徒たちが学習上の困難さを抱えたまま普通校に通い、高校卒業時点での就職の難しさや〝大卒〟の肩書きにこだわる保護者の意向といった理由から、ＡＯ（アドミッションズ・オフィス）入試などを経由して大学に入ってくる傾向が近年見られるようになっている。そして入学後は、落ち着いて学習することができず、授業にもついていけず、何とか単位は取得したものの就職もままならない。このような学生への就労支援はコストの高い大学のリソースを用いて行うべきなのだろうか。

一方の企業も、発達障害を持つ若者が入社を希望するならば、その優れた能力を活かすような仕事や働き方を見いだし、戦力とするのが本当の意味での採用人事であり、障害者枠を埋めるための手段として発達障害学生を採用するのは本末転倒といえるだろう。こうした人事の考え方を企業が持っている限り、大学もそれに反応せざるを得ず、さほど得意とは思えない就労支援に貴重なリソースを割かなければならないのである。

現状の新卒採用のプロセスにおいては、大学3年次からインターンシップという名の就職活動がスタートし、4年次では春先から内定をとれるまで延々と企業面接を受け続けるという状況になっている。いまや大学4年間の3分の1は就職のための準備期間になっているのである。しかも最初の2年間はリベラルアーツの学習にあてられているので、専門課程における実質上の勉学期間は半年足らずに過ぎない。

規制緩和によって大学の数が増え、大学卒という肩書きが就職時のシグナルとしてほとんど有効でなくなったいま、大学の存在意義を改めて問う声が出てきている。学生が集まらない大学は多少の障害には目をつぶり学生を入学させる。しかし、そうした学生たちには高等教育機関で高度な教育を受けるための準備が整っておらず、かといって大学にも療育のためのノウハウや人材がいないため、中途半端な状態で社会に送り出すことになる。他方、知的水準の高い発達障害学生は、学問を修めても就職活動の困難さに直面することになり、障害者手帳を取得して障害者枠で就労する道しかない。

このような発達障害学生の姿からは、就職がゴールになってしまっている日本の大学教育の問題点が透けて見える。すなわち、大学教育とは何なのかという基本的な課題を私たちに突きつけているのである。

注

（1）身体障害のなかでも視覚障害と聴覚障害の子どもには、明治期に当時の文部省によって盲学校と聾唖学校が設立された。知的障害児については、1891年に設立された聖三一孤女学院（のちの滝乃川学園）が最初の受け入れで、公教育は後に公立学校のなかに設置された特殊学級が担っていた。肢体不自由児の公教育は、1932年設立の東京市立光明学校が最初である。

（2）文科省『地方教育費調査』（平成26年）より。

（3）家《イエ》が存在しない学校に王朝モデルはあてはまらない。ただし、大学は、研究室の後継者が必要となるため、〝弟子を育てる〟という意味での王朝的なインセンティブが働くことがある。

（4）肢体不自由児の運動会の意義を深く考えていくと、普通校で当たり前のように行われている運動会についても疑問が湧いてくる。まず運動会を保護者らに向けた〝見世物〟としての競技大会と位置づけるならば、〝見せる〟ための最大限の工夫をすべきだろう。生徒たちの全力パフォーマンスが見る者に感動を与えるよう教員らが知恵を絞るべきである。そして〝見世物〟である以上、それは教育ではないので、保護者らから参加費を徴収することが望ましい。また、体育を目的とするならば、運動会に参加する生徒たちが、そこでいい記録を残すためにどれだけ日頃の鍛錬を通じて体力増強に努めるかが重要となる。このような目的の設定と達成のための努力、そして成果の検証ということが普通校で実際になされているのだろうか。

（5）東京都教育庁都立学校教育部特別支援教育課『特別支援教育通信』（第4号、平成23年3月31日発行）には、「東京都では、障害のある生徒の自立と社会参加を目指し、都立特別支援学校高等部におけるキャリア教育の充実や東京都特別支援教育推進室における就労支援事業を推進してきました。また、知的障害が軽い生徒を対象とした企業就労率100％を目指す高等部職業学科の設置や、高等部1年生からの企業におけるインターンシップの導入等、企業就労率の向上に向けた取組を進めています。その成果として、平成21年度、職業学科設置校で初めて卒業生を送り出した都立永福学園では96％の企業就労率を達成しました」と書かれている。

（6）第1章で述べた障害の〝社会モデル〟の考え方に基づくならば、障害者に限られた仕事しか創出できていない現状は、その能力を開発／活用できていない社会（そして企業）に原因があるのかもしれない。にもかかわらず、公的な教育機関がその限られた仕事に就かせることを目標に訓練を施すことは〝社会モデル〟の考え方に反するのではないだろうか。

（7）経済学ではこうした手法を〝クリームスキミング〟という。牛乳の成分のうち最も美味しいクリームの部分だけを抜き取ることから転じて、企業が最も収益性の高い分野だけに参入して利益を得るという「いいとこ取り」の意味で用いられる。

（8）以下の議論は、吉見俊哉『「文系学部廃止」の衝撃』（集英社新書）によるところが大きい。同書は、これまでの世界ならびに日本の高等教育の歴史をひもときながら、現代日本における大学教育の迷走ぶりを冷静に分析している。

（9）株式会社Ｋａｉｅｎは、発達障害を持つ高校生向けに就労支援に特化した放課後等デイサービス（放課後の時間を使って障害を持つ生徒向けに行われるサービス）を提供している。また、同社は普通校を卒業した発達障害者を対象に、就労移行支援サービス（障害者向けの就職支援）を提供している。こうしたサービスは、特別支援学校とは違い、福祉制度を利用した民間企業による職業訓練である。こうした民間企業による就労支援ビジネスが定着し、実績をあげていけば、いずれ学校が実施する職業訓練の意味が問われるようになるだろう。

（10）閉鎖的な学校という空間で訓練的な色彩が強くなると虐待などの事件が起きる。「『罰で10キロ走』重体　都特別支援学校の15歳、熱中症」（『朝日新聞』2017年8月26日）を参照。
（11）松兼功『お酒はストローで――ラブレターは鼻で』（朝日文庫）を参照。
（12）発達障害学生が大学に入って最初に直面する困難さは、大部の履修案内資料を渡され、自分でとりたい授業を選ぶという作業なのだそうである。こうした大学特有の障壁を除去するための配慮は大学側によって提供されるべきだろう。

コラムF

タイの障害者福祉政策

2017年12月、12年ぶりにタイを訪問した。その間、同国の実質GDPは約1・5倍に拡大している。障害者をとりまく環境にもどのような変化があったかを確認したかったのだ。

今回は、障害者施設と政府機関の訪問、障害当事者と障害福祉研究者との面談が実現した。PattyaにあるFather Ray Foundationの施設では、身体障害者の職業訓練と自閉症児教育の様子を見学した。BangkokのFoundation for Children with Disabilitiesでは、身体障害の子どものリハビリに母親を参加させることで母親の障害受容と理解を促進する事業について話を伺った。そして、当事者との面談では、脳性麻痺を持つ2人と自閉スペクトラム症1人にお会いしたが、うち2人は一般就労で、残りの1人はパートタイムの仕事をしつつ父親や弟と暮らしているという状況だった。

タイ政府のMinistry of Social Development and Human SecurityにあるDepartment of Empowerment of Persons with Disabilitiesの専門官の話では、徐々にではあるものの同国における障害者への支援レベルは向上してきているという。実際、タイ政府は2008年7月に国連の「障害者権利条約」を批准しており、それに伴い、障害児教育の義務化や公共施設のバリアフリー化、さらには1％の法定雇用率の制定などを実施してきた。法律を整えてから批准した日本とは異なり、まず批准して国際社会にコミットメントしたのちに、細かい制度化に着手するという手法である。

ただ、現状では障害者の自立のために当事者と家族の努力がかなり必要との印象は否めない。ローカル校での障害児受け入れのハードルは高く、Ray Foundationのような財団に頼っている部分が大きい。また、面談した自閉スペクトラム症の男性の話では、就学の条件として母親が終日付き添うことを求められたという。バンコク中心部を走るスカイ・トレインもほとんどの駅がバリアフリーにはなっていない。先のパートタイムに従事する脳性麻痺の女性は、一般就労できる能力が十分ありながら、家族に対する家事労働のために職業訓練を受けるチャンスを逸している。

障害福祉の研究者でHuachew Chalermprakiet UniversityのDr. Jaturong Boonyarattanaso-ontornは、タイの障害者福祉関連の法律が整いつつあるなかで、あとはそれをどのように社会に周知させていくかが課題だと言う。確かに、法定雇用率は制定されているものの、いまだ多くの企業はクリアできておらず、政府に納める〝罰金〟が障害者を雇用しないことの免罪符になっているそうだ。

ただ、政府の関与がまだ大きくない今だからこそ、タイには今後の福祉政策の方向性を決めるチャンスが残されているともいえるだろう。すでに出生率が1・5まで下がっている同国においては、日本の現状を見るまでもなく、将来を見据えた制度設計が欠かせないからである。

*タイの障害者施設等の訪問にあたり、Chulalongkorn UniversityのDr. Paitoon Kraipornsak, Kasetsart UniversityのDr. Tabthip Kraipornsak、そしてHuachew Chalermprakiet UniversityのDr. Kattiya Kannasutra 3氏のご協力を得た。

第4章

「障害者差別解消法」で何が変わるのか

2016年4月より「障害を理由とする差別の解消の推進に関する法律（以下、障害者差別解消法）」が施行された。その背景には、2006年12月に国連で採択された「障害者の権利に関する条約」の存在があった。日本も条約批准に向けて国内法の整備が求められていたのである。

差別解消に向けて法律の制定はもちろん大きな一歩といえよう。しかし、より重要なことは、この法律をどう活用するかであり、さらには国民が差別というものをどのようにとらえているかである。つまり、法律に魂を入れる作業が残されているのである。

そこで本章では、差別を類型化し、それぞれの理論的背景とそれを踏まえた解決策について論じる。[1] その上で、「障害者差別解消法」との関連について考察し、同法をどのように活かしていけばよいかを提案したい。

ベッカー型差別

1992年にノーベル経済学賞を受賞したシカゴ大学のG・ベッカーは、『差別の経済学』という著作のなかで、差別に経済学的な定義を与え、その定義に基づいて実際に差別が存在するかどうかを検証した。

ベッカーのいう差別とは、「偏見を満足させるために利益を自発的に放棄すること」を意味する。話をわかりやすくするため、1993年に公開されたトム・ハンクス主演の映画『フィラデルフィア』（トライスター）を例にとってベッカー理論を説明しよう。

トム・ハンクス扮するアンディ・ベケットはフィラデルフィアで有名な法律事務所に勤務する若手の辣腕弁護士である。これまで難解な裁判でいくつも勝訴を勝ち取り、上司からの信頼も厚い。その実績を買われてある重要案件の弁護を任されるが、その直後、パートナーの1人に彼がＨＩＶ感染者であることを知られてしまう。

アンディは担当案件の弁護レポートを作成し机の上に置いておくが、なぜかその文書が紛失する。提出期限直前に文書は見つかり事なきを得るものの、上司は危機管理能力の欠如を理由にアンディを解雇する。解雇通告を受けたアンディは自分がＨＩＶ感染を理由に解雇されたことに気づき、法律事務所を不当解雇で訴える。

裁判では、アンディの解雇理由として「ＨＩＶ感染」なのか「能力の欠如」なのかが争点となる。アンディが解雇を不当だとする根拠は、自分は有能な弁護士であり、事務所に対して多大な貢献をしてきているにもかかわらず、たった1度のしかも不可解な書類の紛失によって解雇されるのは納得できないというものだ。能力があるのに解雇されるということは、ＨＩＶ感染が解雇理由であることを意味するから、これは差別という法律違反になる。

この理屈はまさにベッカーの差別理論と合致している。事務所にとって能力の高い弁護士を解雇することは利益の減少につながる。ＨＩＶ感染者が身近にいることを嫌がり、あえて能力の高い弁護士を解雇してまで、ＨＩＶ感染者に対する自らの偏見を満足させようとするのはベッカー型の差別といえる。

判決ではアンディの訴えが認められるが、その勝利を待っていたかのようにアンディは病院で息を引き取る。

ベッカー型差別の解決策：競争促進策

ここでひとつの疑問が浮かぶだろう。なぜアンディは次の職場を探さなかったかという点だ。彼の能力が高いのであれば、ＨＩＶ感染者に対する偏見を持たない別の弁護士事務所が彼を再雇用するはずである。

ベッカーをはじめとするアメリカの経済学者の多くは差別を禁止するための特別な措置（いわゆる差別撤廃措置）は必要ないと考えている。なぜなら、差別をしていると損になるからである。差別とは偏見を満足させるために利益を犠牲にすることだ。それならば、いつまでも差別を続けている会社は最後には他社との競争に負ける。

あるメジャーリーグ球団のオーナーが黒人選手に対する偏見を持っていて、一切の黒人選手の採用を禁じたとする。これはチーム編成にとって明らかにマイナスだから、チームの成績は低下し、オーナーは球団を手放さなければならなくなるだろう。(2) かつて人種差別が激しかったアメリカ南部では、バスは白人席と黒人席に区分して運行されていた。また、イギリス植民地時代のインドでは、列車車両を英国人用とインド人用に分けていたことは有名な話だ。現代であれば、鉄道やバス会社が通勤や通学のピークを分散させることで混雑緩和を目指すことは当然の経営手法だ。この点から言うと、かつてのアメリカやインドに見られた交通機関での差別は経営上明らかに非効率である。

このように差別は合理性に欠けるため、市場競争が激しくなれば自然になくなっていくと考えられる。つまり、差別が存在するとすれば、まだ利益を犠牲にしてもいいくらい競争の進んでいない業界ということになる。(3)

図表4-1　慶應義塾大学商学部における男女別専任教員数

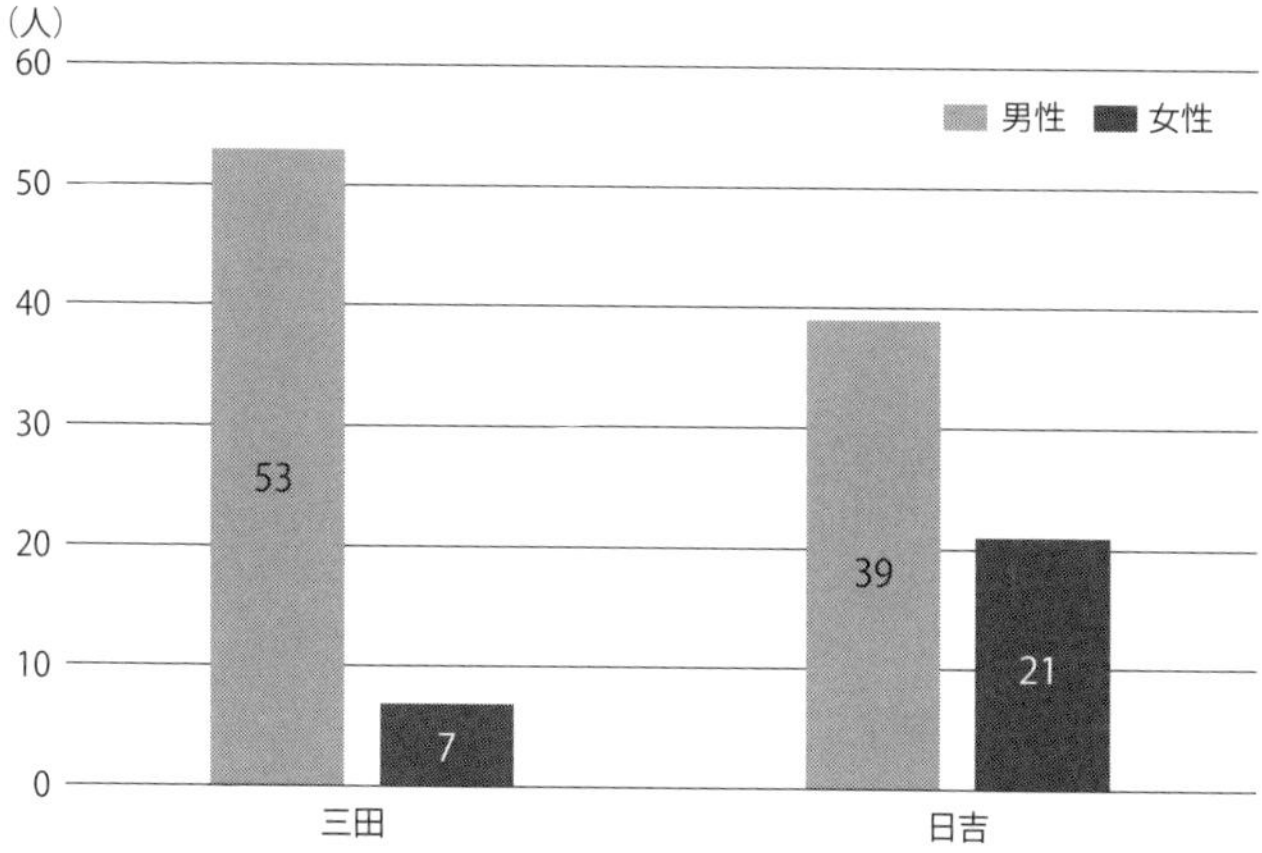

（出所）慶應義塾大学商学部ホームページ（2017年度）より筆者作成

統計的差別

まず図表4－1をご覧いただきたい。これは慶應義塾大学商学部における男女別専任教員数を示したものである。グラフ内の「三田」とは経営／会計／マーケティング／経済など専門課程を意味する。他方、「日吉」とはおもに語学／人文科学／自然科学など一般教養課程を指している。

三田は男性教員が9割近くを占めているものの、日吉では35％が女性教員である。このことから、商学系は男性の得意分野で、語学／人文系は女性に向いていると考えてよいだろうか。

もしこうした判断をすれば、それは統計的差別ということになる。その理由は、データ上は明らかに専門課程における女性教員はマイナーな存在ではあるが、その原因は〝生物学上の性〟の違いではなく、社会環境がもたらす性差（いわゆるジェンダー）によるものかもしれないからである。実際、2005年1月、経済学者でハーバード大学長（当時）のL・サマーズがある会議で、「数学や科学の分野で女性研究者が少ないのは、男性と女性の間に固有に存在する遺伝子の違いによるものではないか」と発言したことがあった。するとその直後からこの発言を差別だと問題視する動きが広まり、同大学人文学部教授会がサマーズに対する学長不信任案を可決するという事態になった。結局、サマーズはこの舌禍事件が原因で翌年6月学長を辞任したのである。

実は日本でも同じような〝事件〟は起きている。2015年8月に伊藤祐一郎鹿児島県知事（当時）が県の総合教育会議において「女子にサイン、コサイン、タンジェントを教えて何になるのか」「それより植物の花や草の名前を教えた方がいいのかな」と発言した。翌日、同知事は「口が滑った」と発言を撤回したが、そのさい、発言に至った理由として自らもこれまで三角関数を1度しか使ったことがなかったからと釈明した。つまり、自らの経験などを踏まえ、三角関数を使う女子はマイノリティだから教える意味がないと判断したという。あまり使われていないからといって女子に教える意味がないことにはならない。なかには数学者を目指そうという女子もいるはずである。したがって、この発言も統計的差別に該当する。(4)

図表4-2　大学の学科別学部学生数（2016年度）

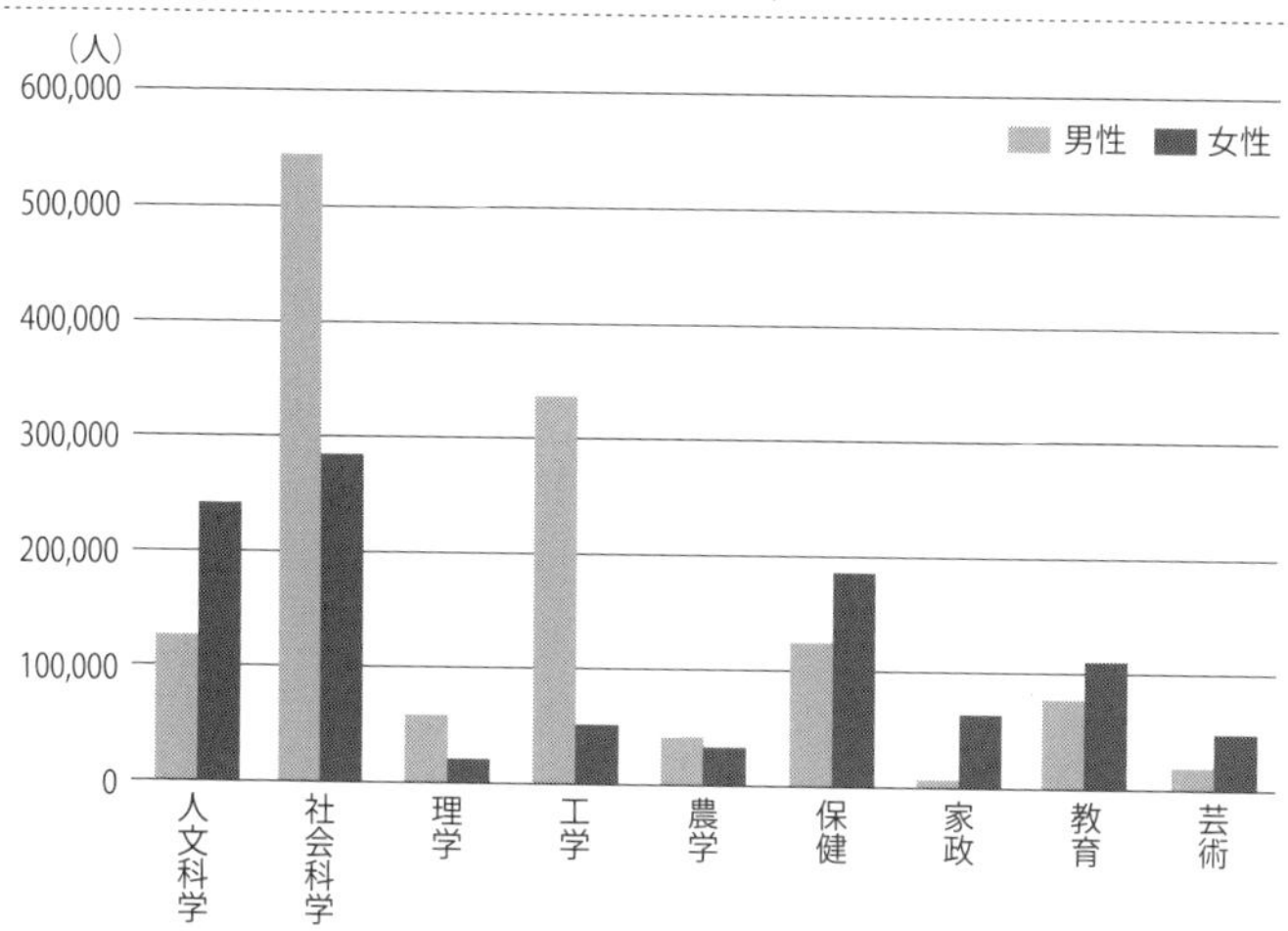

（出所）文部科学省『学校基本調査』

統計的差別の難しさ

統計的差別は〝客観的事実〟という裏づけがあるため、その見きわめはきわめて難しい。たとえば、図表4-2をご覧いただきたい。これは、文部科学省『学校基本調査』（2016年度）より大学の学科別学部学生数を示したものである。これを見ると、学科別に男女差がはっきり出ているのがわかる。そして、大学の学科には男女別の定員はないため、この客観的事実から人文科学は女性に適性があり、社会科学は男性に向いているとの結論を導いてもよさそうな気がしてくる。それなら、さきほどの商学部の教員数の男女差を得意／不得意と解釈しても差別にはあたらないのではないだろうか。

しかし、そう結論づけるのは早計である。なぜなら、生まれたときから大学を受験するまでの間に、男子学生と女子学生では別のレールが敷かれている可能性も否定できないからである。たとえば、両親が子どもに誕生日のプレゼントを買ってあげるとき、男の子には理科図鑑、女の子にはビーズセットなどと区別するのが一般的である。また、父親が子どもと将棋を指す相手は息子で、母親が家事の手伝いを頼むのは娘であるのが普通ではないだろうか。(5)

つまり、知らないうちに〝男の子らしさ〟や〝女の子らしさ〟という目に見えない価値観が子どもに植えつけられ、それによって好きな勉強や大学での専攻が影響を受けることも否定できないのである。高校に進学して抽象度の高くなった数学でつまずいたとき、男子学生であれば将来やりたい仕事のことを考え、そこをなんとか乗り越えようと努力するかもしれないが、女子学生は「数学入試のない私大文系に進む道もある」と数学を回避するかもしれない。そうした〝空気〟が周囲に充満していればなおさらである。

こうなると〝客観的事実〟にも偏りが存在していることになる。すなわち、国民の多くが理系や社会科学系は〝男学問〟で、人文系や福祉系は〝女学問〟というように分けていれば、子どもたちが自らの潜在能力とは別に、周囲の意見に従って進学先を決めていくのは当然ともいえるのである。

統計的差別の解決策

統計的差別が存在すると困るのはどんな人たちだろうか。それは潜在能力が高いにもかかわらず、〝客観的事実〟の存在を根拠とする社会の判断によって、自分の好きな道に進めない人たちである。

たとえば、現在、子育てにかかわっているのは、母親が圧倒的多数を占めている。この〝事実〟により子育てには父親よりも母親が適していると判断すれば、それは統計的差別になるだろう。なぜなら、多くの母親が子育てをしているのは、それが得意かどうかということよりも、〝母親が子育てするのは当たり前〟という〝既定路線〟に従わざるを得なかったためと推察されるからである。そして、こうした事情から能力の高い母親が泣く泣く仕事を辞めているとすれば、これは統計的差別の犠牲者ということになる。

統計的差別を解決するための最も効果的な方法は、〝客観的事実〟を変えていくことである。すなわち、自然科学や社会科学を学び、企業や大学で研究者として働く女性が増えていけば、そうした学科の勉強に励むことが女子学生にとっても当たり前となり、リケジョとか〇〇女子といった言い回しも自然と使われなくなるはずだ。

ただ、この方法を実行するのは容易ではない。なぜなら、世の中には統計的差別を受けていた方が楽だと考える人もある程度存在するからである。たとえば、女性は人文系が得意という〝一般常識〟が確立されていれば、社会の仕組みもそれを前提につくられるため、男性との競争を回避できる。

企業の〝一般職〟についても同じことがいえる。原則として転勤はなく、勤務時間はほぼ決まっていて業務内容も専門性のさほど高くない事務作業がほとんどであり、家事や育児をしなければならない女性にとって便利な働き方となっている。しかし、こうした働き方を多くの女性が歓迎すれば、「家事や育児は母親の役割」という〝既定路線〟は維持され、統計的差別が解消されることはないだろう。

間接差別

ここまで紹介してきた差別は、対象者の属性そのものが要因となっているという意味において〝直接差別〟と称される。それに対して、対象者に直接関係のない理由で差別的な扱いを受けているケースを〝間接差別〟という。

最もわかりやすい例をあげよう。ある外国人がＩＴ企業のプログラマーとして採用試験を受けたとき、面接官から「鎌倉幕府を開いた人物は誰か」と質問されたとしよう。その外国人が

図表4−3　管理的職業従事者に占める女性の割合

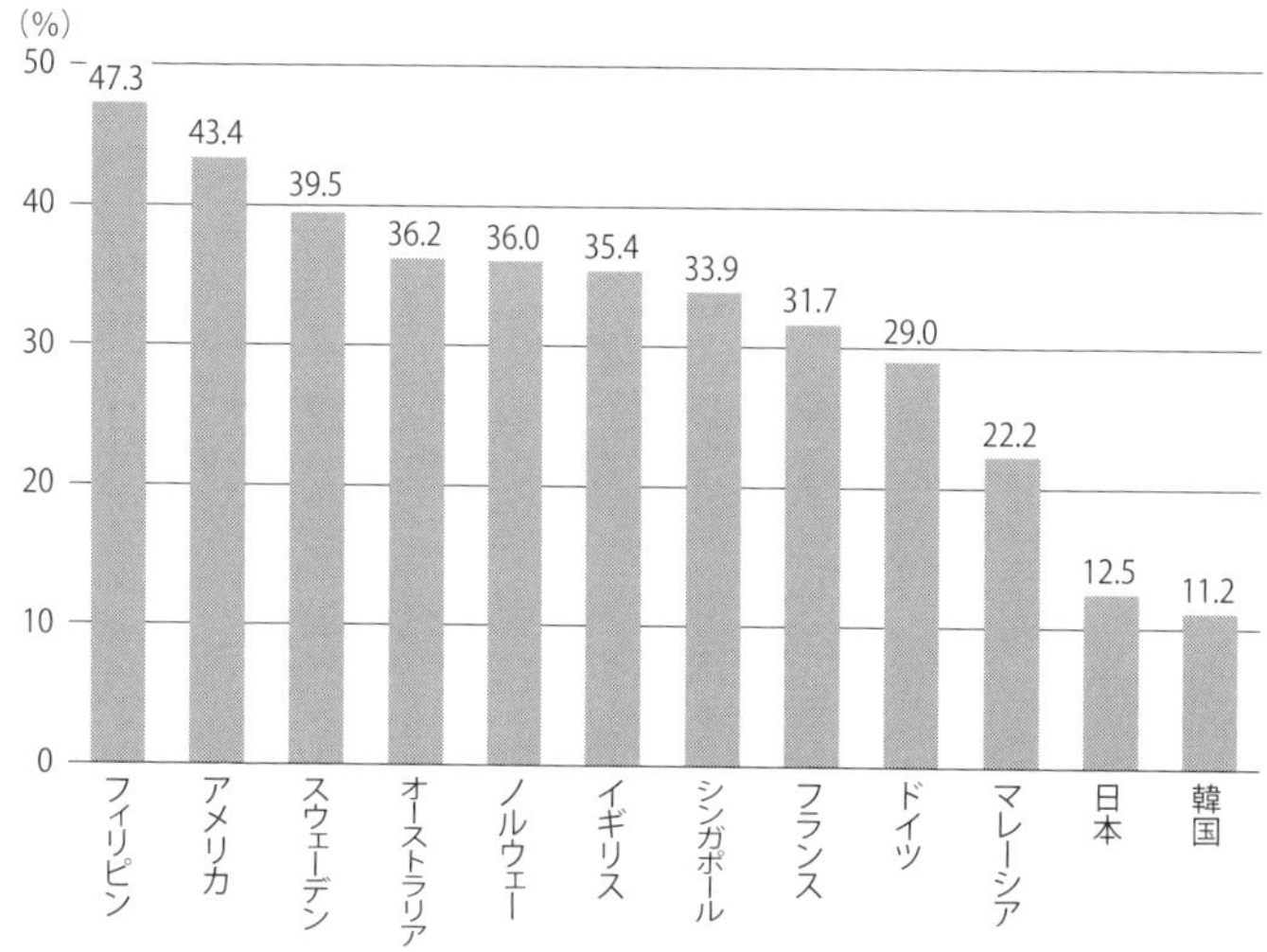

（出所）内閣府『男女共同参画白書』（2016年度版）

正答できず、それが原因で不採用になった場合、これは間接差別に該当する。なぜなら、この質問内容はプログラマーの仕事と直接関係がない上に、学校で日本史を勉強するとは思われない外国人が答えられなくても当たり前であるため、こうした採用方法は外国人を差別扱いしていることと同等の意味を持つからである。

さすがにこれだけあからさまなことをやれば差別だとはっきりわかるが、実は間接差別にはより複雑でわかりにくいものもたくさんある。ここで、図表4−3をご覧いただきたい。世界各国と比べて日本の女性管理職の割合が少ないことは一目瞭然なのだが、問題はその原因である。このとき「日本の女性は管理職としての能力に欠けるからだ」と考えれば、前に述べた統計的差別になる。しかし、これが間接差別によるものとの解釈も成り立つだろう。

たとえば、ある会社において、管理職とは残業も厭わず滅私奉公的に働く〝仕事人間〟が就くべきポストだという暗黙のルールがまかり通っていたとしよう。このとき、妻としてまた母親として家事／育児と仕事との両立を図ろうとしている女性にとっては、管理職を目指すことはきわめて難しくなる。つまり、こうしたルールを設定している時点で、この会社は間接的に女性を差別していることになるのである。

間接差別の解決策：配慮

社員が会社から滅私奉公的な働き方を要求されることは男女問わず望ましいことではないだろう。また家事／育児は夫の協力があれば女性の負担はかなり軽減されるはずである。ただ、出産は女性特有のモーメントといえる。また、授乳などを考えれば、出産後の一定期間は赤子と一緒に過ごすことが望ましい。

このようなときは休暇の取得はもちろんのこと、職場復帰した後もしばらくは仕事量の軽減などが求められる。つまり、出産そのものは会社の業務とは直接関係はないものの、それによってしばらく休暇を取らなければならなくなったり、勤務時間に制限が出たりすることは会社での仕事と大きくかかわってくるのである。

そうだとすれば、会社が非常時における休暇の取得や勤務時間の調整などの〝配慮〟を社員に提供しなければ、結果として出産時の女性が会社で働きづらくなり、仕事を辞めざるを得なくなるだろう。これは間接的に女性を差別していることになるのである。

こうした事態は別に女性に限った話ではない。たとえば、働き盛りの40代の共働き夫婦の親が認知症になったとしよう。この場合、老人ホームが見つかるまでの間、親の介護が必要となる。もし会社がこうした社員の休暇取得や勤務時間の調整といった〝配慮〟の提供に消極的であれば、夫婦のいずれかが会社を辞めなければならないのである。

障害者へのベッカー型差別

これまであえて障害者ではない人たちをとりあげて差別の定義について説明してきた。その理由は、差別問題を障害者に限定したくなかったためである。準備が整ったところでいよいよ本題に入っていくことにしよう。

まず、障害者に対するベッカー型差別はどの程度存在するだろうか。この問題を扱うためには、障害者に対する偏見について把握しておく必要がある。そのひとつは、「障害者は気持ち悪い」とか「車椅子は好きじゃない」などといった印象から、能力の高い障害者を採用しなかったり、障害者の入店が断られたりするケースに相当する。

確かに、障害が〝前世の報い〟であるとか〝障害が感染する〟といった風評が社会に広まっていれば、こうした偏見に基づく差別は深刻になるだろう。しかし、障害者の登場するテレビ番組が放送され、パラリンピックやスペシャルオリンピックスがメディアで取り上げられるようになった昨今、この手の偏見はかなり改善されたと見てよいのではないだろうか。

もうひとつは、「知的障害者は知的活動ができない」とか「精神障害者は他人に危害を加える」といった偏見である。こうした偏見は、「知的障害者＝IQが低い＝知的活動ができない」という〝思い込み〟によって形成されることが多い。実際、知的障害者が企業において、リサイクルの細かい分別作業やコンピュータを使ったデータ入力などを行っている事例はいくつも存在する。確かに、IQの数値が70以下の場合、知的障害者と診断される可能性は高くなるが、現場の話によれば、IQの数値と仕事上の能力は必ずしも一致するわけではなく、教え方や作業の組み方しだいで知的障害者であっても知的活動に十分耐えられるという。

精神障害についての偏見は、精神科に通院歴のある人による刑事事件などがことさら大きく報道されたことをきっかけに、精神障害者の存在が国民にとって大きなリスクだとみなされるようになることから生まれる。国民のリスク感情が拡大すると、精神障害者向けの通所施設やグループホームの建設に対する地域住民の反対運動などにつながっていく。こうなってしまうと、グループホームから施設に通っている精神障害者が年間に何件の凶悪事件を起こしたかといったデータに基づく冷静な分析は脇に追いやられてしまうのだ。(6)

こうした差別を解消するには、科学的知見や客観的事実を繰り返し示すことで偏見が徐々に弱まっていくのを待つことになる。また、企業が障害者を雇い成功しているという情報が広まれば、他の企業もそれに倣うようになり、差別は減っていくだろう。

障害者への統計的差別

前節で述べた「知的障害者は知的活動ができない」という偏見による差別は統計的差別と解釈することもできる。なぜなら、実際に企業で知的活動に従事している障害者はマイノリティであり、そうした事実に基づいて障害者の能力を判断すれば、潜在能力のある知的障害者にとって活躍の場が狭まってしまうからである。これは社会にとっての損失ともいえる。

しかし、そもそも障害者が働くということ自体に差別的な考え方があるともいえる。図表4−4は障害種別による障害者の就労割合と日本全体の数値を並べたものである。これを見ると、

図表4-4　障害者はどのくらいの割合で働いているか（2011年）

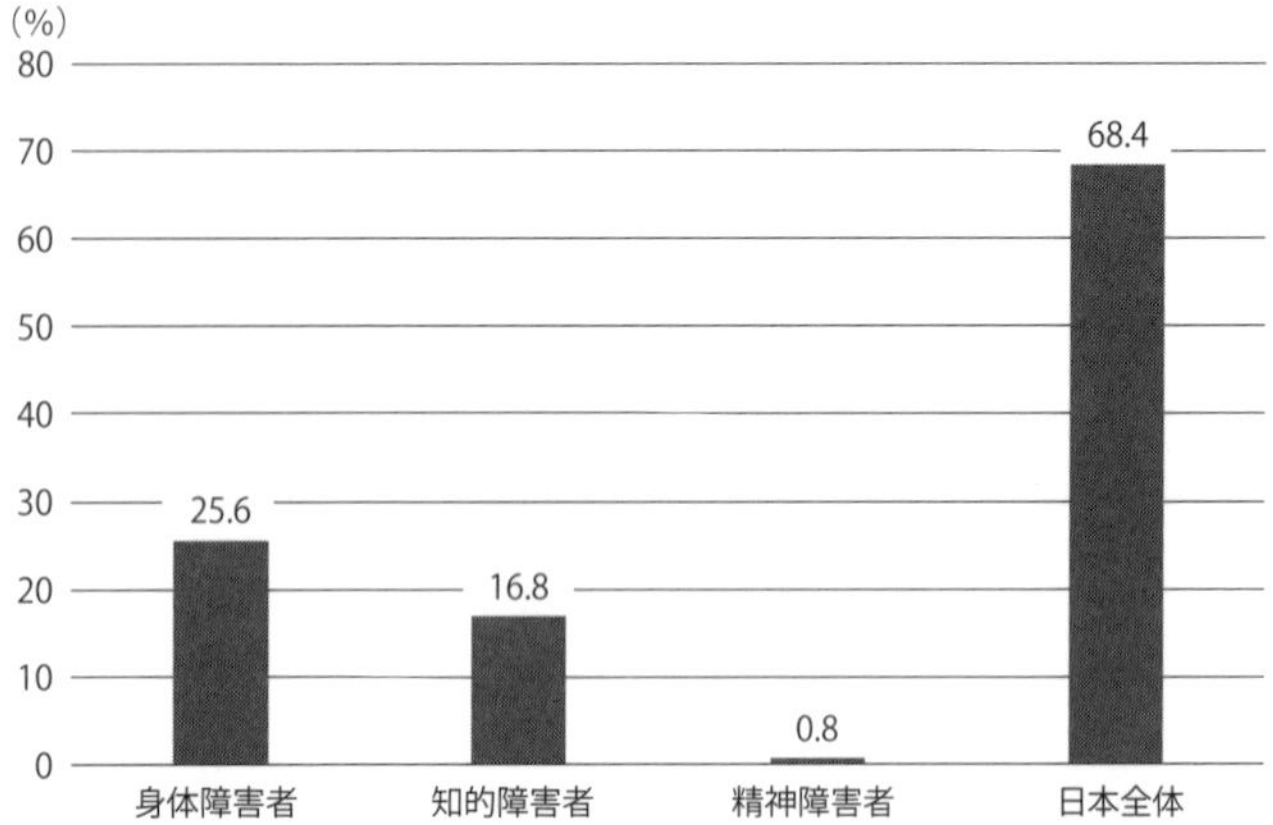

（出所）厚生労働省『生活のしづらさなどに関する調査』『患者調査』、総務省『労働力調査』などより筆者作成

圧倒的に精神障害者が働けていないことがわかる。

ただ、その背景を考えたとき、実際に働けていないという〝客観的事実〟に基づいた「精神障害者の就労は難しい」という間違った思い込みが雇用する側にあるかもしれない。実際、知的障害者の雇用者数は、1996〜2016年の20年間で4倍に増えた。このことは、かつての「知的障害者の就労は難しい」という思い込みが誤りだったことを示している。

障害者への間接差別

次の3つの事例について考えてみよう。

①エレベータのないビルの3階にあるソフ

トウェア会社が、自力でオフィスにたどり着けないプログラマーを不採用としたケース

②ある企業が採用試験のさい、応募者にＩＱテストを課し、一定レベルに達しない者を不合格としたケース

③長時間労働があり得ることを前提とした労働条件しか与えないケース

これら３例いずれにも〝障害〟という文言は登場していない。したがって、障害を理由とする直接的な差別にはあたらない。しかも、階段を上れる能力とプログラミング能力は直接関係がなく、ＩＱが一定レベルに達していなくてもできる仕事は社内にあるはずだし、長時間労働を必要としない働き方はつくり出せるはずだ。したがって、これらの条件は結果的に身体障害、知的障害、精神障害の人たちを職場から排除する間接差別に該当すると考えられる。(7)

これらの差別をなくすためには次のような〝配慮〟が必要とされる。

①エレベータを設置する

②ＩＱが高くなくてもできる仕事をつくる

③仕事を効率化し、働き方を改善する

こうした配慮があれば障害のある人も能力を発揮して働くことが可能となる。

障害者差別解消法

これまで差別を類型化するとともに、それぞれについて有効と思われる解決策を提示してきた。次の課題は、解決策を実行に移すための具体的な方策を考えることである。

そのうち法規制という手段を用いた方策が「障害者差別解消法」の制定である。同法のなかで本章の課題と深くかかわる条文を以下に示しておこう。

第8条　事業者は、その事業を行うに当たり、障害を理由として障害者でない者と不当な差別的取扱いをすることにより、障害者の権利利益を侵害してはならない。

2　事業者は、その事業を行うに当たり、障害者から現に社会的障壁の除去を必要としている旨の意思の表明があった場合において、その実施に伴う負担が過重でないときは、障害者の権利利益を侵害することとならないよう、当該障害者の性別、年齢及び障害の状態に応じて、社会的障壁の除去の実施について必要かつ合理的な配慮をするように努めなければならない。（傍点筆者）

ここでは、以下の3点に注目すべきである。

第1に「障害を理由とする差別的扱い」が禁止されているという点だ。このことは、同法が扱うのはベッカー型差別や統計的差別に代表される直接差別であり、間接差別は対象外となっていることを意味する。すなわち、店頭に「車椅子お断り」と張り紙をするのは直接差別となり法に抵触するが、「動物同伴の入店ご遠慮ください」の掲示は、それが盲導犬を伴った視覚障害者を排除することにつながるものの障害を理由としてはいないため差別にはあたらない。

第2には、事業者にとっての費用が過重でない範囲に配慮が限られている。これは障害者による配慮の要求は限定的であることを意味する。たとえば、介助者を同伴しない重度障害者の宿泊をホテルが断った場合では、ホテル側が万一のときの責任まで負うのは過重な負担に相当することから差別にはならない。

そして第3の点は、事業者にとって配慮の提供が〝努力義務〟になっていることである。すなわち事業者は配慮しようと努めていれば、実際にそれができなくても不法行為にはあたらないのである。実際、この規定はきわめてわかりにくい。なぜなら、努力してもできないということと過重な負担はほぼ同義だからである。事業者にとって、負担が過重ではなく努力もしてはいるが、それでも提供の難しい配慮などというものが存在するとは思えない。(8)

「障害者雇用促進法」の改正

「障害者差別解消法」との整合性の観点から、障害者の雇用促進について定めた「障害者の雇用の促進等に関する法律（障害者雇用促進法）」にも下記の条文が追加された。

第34条　事業主は、労働者の募集及び採用について、障害者に対して、障害者でない者と均等な機会を与えなければならない。

第36条　厚生労働大臣は、前二条の規定に定める事項に関し、事業主が適切に対処するために必要な指針（次項において「差別の禁止に関する指針」という。）を定めるものとする。

第36条の2　事業主は、労働者の募集及び採用について、障害者と障害者でない者との均等な機会の確保の支障となっている事情を改善するため、労働者の募集及び採用に当たり障害者からの申出により当該障害者の障害の特性に配慮した必要な措置を講じなければならない。ただし、事業主に対して過重な負担を及ぼすこととなるときは、この限りでない。

第36条の5　厚生労働大臣は、前三条の規定に基づき事業主が講ずべき措置に関して、その適切かつ有効な実施を図るために必要な指針（次項において「均等な機会の確保等に関する指針」という。）を定めるものとする。（傍点筆者）

「障害者差別解消法」との違いは2つある。ひとつは、過重な負担でない限り、障害者への配慮が義務化されている点である。もうひとつは、何が差別にあたり、何が配慮に相当するか示す「指針」を厚生労働大臣が定めるとしていることだ。

このうち重要となるのは後者である。その理由は、障害者の範囲そして差別や配慮の中身といった法律の根幹ともいうべき部分を行政が決めていいことになっているからである。(9) そして「指針」には次のように書かれている。

- ●対象となる障害者の範囲：身体障害、知的障害、精神障害（発達障害を含む。）その他の心身の機能の障害があるため、長期にわたり、職業生活に相当の制限を受け、又は職業生活を営むことが著しく困難な者。↓障害者手帳所持者に限定されない。
- ●障害者であることを理由とする差別（直接差別）を禁止。
- ●合理的配慮は、個々の事情を有する障害者と事業主との相互理解の中で提供されるべき性質のもの。（傍点筆者）

このなかにはいくつか注目すべき点がある。その第1は、対象とする障害者の範囲を手帳の有無に限定せず広く取っていることだ。つまり、ここには難病やうつ病などの患者も含まれる。

第2に、対象とする差別の内容が「障害者差別解消法」と同じく直接差別に限定されている。そして第3は、配慮の中身は障害者と事業主が交渉によって決められるべきとしている点である。

「指針」の意味するところ

差別の対象者を障害者手帳の有無に限定しなかった点は画期的である。なぜなら、そもそも雇用の場における差別は障害者のみに限った話ではなく、女性、高齢者、矯正施設からの出所者、外国人など多岐にわたるからである。今回はそこまで範囲を広げてはいないが、障害の多様化が進み、〝医学モデル〟から〝社会モデル〟へというパラダイムシフトがなされようとしているなかで、「指針」では「職業生活を営むことの困難さ」という現実の問題に注目して障害者の範囲が規定されている。しかし、そうした画期的内容も、禁止となる対象を直接差別に限っている点でほぼ台無しになっているのは残念としか言いようがない。なぜなら、対象の範囲を広げれば広げるほど、間接差別の可能性が高くなってくるからである。

その典型例としていわゆる総合職をとりあげてみよう。総合職として採用された社員は具体的な仕事の中身が決まっておらず、しかも特定されないため、その採用基準はきわめて曖昧である。あえて言うなら採用担当者が、応募者を戦力とみなし「この人と一緒に働きたい」と思うかどうかである。したがって、そこで振り落とされた応募者は、具体的にどのような能力が足りないために不採用になったかがわからない。知的能力が低いと判断されたのか、空気が読めないと判断されたのか、引っ込み思案と判断されたのか、いずれにしても「一緒に働きたい」と思ってもらえなかったのである。

しかし、知的能力が低いと判断されたのはディスレクシア(10)（識字障害）だからかもしれないし、空気が読めないと思われたのは自閉スペクトラム症によるものかもしれない。そして、引っ込み思案は回避性パーソナリティ障害の症状でもある。ということは、「一緒に働きたい」という曖昧な評価基準を設けていること自体、これらの障害者に対する間接差別になっているのである。

いわゆる正社員は、「雇用期間が定められていない従業員」という性質上、労働契約の中身について不明確なことが多く、いきおい長時間労働につながりやすいきらいがある。したがって、うつ病やガン患者、精神障害者などは正社員として不向きということになり、これも間接差別に相当するだろう。

また、「職業生活を営むことが著しく困難」ということであれば、育児と家事で忙しい女性や介護の必要な親を抱えている人などもそれに該当し、そうした人が正社員を続けられなくなるとすれば、間接的に差別をしていることになる。(11)

このような間接差別に対しては配慮によって対処するのが適当である。ただ、ここでの配慮の中身は、車椅子用トイレの設置や音声読み上げ装置の導入といったハードウェア型ではなく、対象者それぞれの特性に目を向け、適切な働き方を提示するソフトウェア型になるだろう。

現在、企業の多くは何でもひととおりこなせるオールラウンドプレーヤー的な人材を採用し、会社の都合でさまざまな職場に振り分け、そこで経験を積ませつつ、いらなくなった人を徐々に外に出していき、最後まで残った社員を役員に登用するという人事を行っている。こうした〝時間無制限1本勝負〟的な働き方では、社会との適応において何らかの問題を抱える人は、職務遂行能力なしと見なされ、脱落していく可能性が高いだろう。そして、一旦レールから外れると、よほど特定の技能に秀でていない限りは正社員としての再就職も難しくなる。

差別解消につながる働き方とは、〝適材適所〟の実践である。すなわち、仕事の中身と必要される能力の対応を明確化し、その能力を有した人材を雇ったり配置したりする人事を心がければよい。その理由は2つある。ひとつは、仕事に必要な能力を有しない人を採用しないということは差別にならないからである。たとえば、〝空気を読む〟能力が営業職に欠かせないのであれば、そのポストに応募してきた自閉スペクトラム症の人を採用しないことは差別にはあたらない。

もうひとつは、提供すべき配慮の中身が明確になるからである。配慮とは〝適材〟を〝適所〟

に配置し、その人の能力を最大限に発揮してもらえる職場環境を整備することである。精神障害を抱える人であれば、労働時間に縛られない働き方の提示や、適度な休暇を取ることができるようにバックアップ体制を整えることである。こうしたソフトウェア型配慮は、障害者のみならず一律の働き方には適応できない多くの人にもチャンスを与えることになる。

〝合理的〟の意味

「障害者差別解消法」の条文にある「合理的な配慮」とは何を意味するのか考えてみよう。同法は、アメリカ合衆国の「障害を持つアメリカ人法（Americans with Disabilities Act of 1990：ADA）」における差別の考え方を参考にしており、そのなかにある〝reasonable accommodation〟という英単語の日本語訳に相当する。国によって国民の考え方や倫理観も異なるので、何をもって〝合理的〟とするかはそれぞれの国で決めることになるだろう。

まず、〝合理的〟という文言が入っている理由であるが、それは配慮にはコストがつきものであるためと考えられる。配慮にはハードウェア型とソフトウェア型の2種類があることは先にも触れたが、いずれの場合もコストがかかる点では同じである。ただ、前者は機械の設置等に相当し、その内容や金額が第三者にも見えやすいことから、かかったコストの〝過重さ〟についての判断も比較的容易である。他方、後者は社員の特性に働き方を適合させるためのコストであり、従業員規模や業務内容に応じて変わり得るため、過重であるかどうかの判断が難しいかもしれない。

また、ある障害者にとっては配慮として歓迎されることでも、別の障害者には無駄なことだったり、むしろ差別されていると感じたりすることもある。たとえば、役所の作成する知的障害者向け文書の漢字にはすべてにふりがなが付されるのが一般的だが、これは漢字の読めない障害者にとっては配慮になっても、普通に読める人にはかえって読みにくい文書になってしまう。また、身体障害者が列車に乗降するさいの手助けについても、自立したい障害者にとってはむしろ差別と受け取られることもある。[12] つまり、配慮と差別は表裏一体の関係にあり、当事者それぞれで受け止め方が違うのである。

そのため、厚労省の「指針」には、「個々の事情を有する障害者と事業主との相互理解のなかで提供されるべき」と書かれている。要するに、配慮のコストは客観的に把握しづらく、どのレベル以上が過重と判断されるかもわかりにくいので、当事者同士が話し合い、交渉によって決めるようにということである。

実際、このアプローチは〝合理的〟だと思われる。しかし、それだけではまだ不十分だろう。なぜなら、当事者間での交渉では片づかない問題があるからだ。

コラムG

ADAがもたらしたもの

「障害者差別解消法」より遡ること25年前の1990年にアメリカで制定されたADAは、障害者の人権をアメリカ国民に周知させるという意味において大きな貢献を果たした。その反面、「訴訟社会アメリカ」ならではの問題も起きている。

2012年5月31日のワシントン・タイムズ紙は、障害の範囲が広がったことでADA関連訴訟が4年間で倍増し、年間の和解金は100億円以上に達したと伝えている。実際、2013年には、MISOという企業が産後抑うつ症で出社できなくなった女性社員を解雇したことでADA違反と訴えられ、結局和解金として900万円を支払ったという事例も報告されている。

こうした状況に鑑み、合衆国労働省は異例の通達を出して、関係者に注意喚起を促した。その内容は、ADAは仕事に不適格な障害者を雇うよう義務づけているのではなく、また障害者を優先的に雇うことを義務づけているわけでもないとした上で、あくまで健常者と対等の扱いをするよう定めた法律であることを理解するようにというものであった。

そんななか、アメリカのディズニーランドは2013年10月、障害者向けの新しい支援システムを導入した。それまでは、アトラクションを利用したい障害者に対して別の専用口を用意していたが、障害者になりすまして制度を悪用する客が後を絶たなかった。そこで新しいシステムでは、障害者も通常の列に並ぶことを原則とする一方、10分以内の待ち時間が予想される場合には、直ちに障害者専用口に案内し、それを超える待ち時間が予想されるときは「予想される待ち時間マイナス10分」後に専用口に来てもらうようにした。

だが翌年、自閉症の子どもを持つ親たちが、このディズニーの新システムは待つのが苦手な障害児に対する配慮提供義務を怠っておりADA違反であると裁判を起こした。そして2年後の判決で、裁判官はディズニーの配慮は十分であり、自閉症の子どもは一般客とほぼ同等にアトラクションを経験できているとして親たちの訴えを退けた。このことは、自閉症の子どもに対して一般客を超える配慮をする必要はないという判断を司法が下したものと解釈できる。

『障害者差別解消法』の施行を受け、各地方自治体では、差別や配慮の具体的な内容を定めた条例の制定に取りかかるところが出てきている。障害を持つ人たちのなかには、こうした動きは共生社会を目指す上での第一歩と受け止める向きも多かろう。事前にいろいろ意見を擦り合わせた妥協点のようなものにするのか、それともザクッとしたあるべき姿を描いた上で、後はアメリカのように裁判等を通じて法の理解を深めていくのか、差別解消へ向けた日本社会の模索がいま始まろうとしているのである。

東横イン問題の真の原因

2006年1月、大手ビジネスホテルチェーン「東横イン」が障害者向けバリアフリールームを不正に改造し、それが「ハートビル法（現バリアフリー新法）」違反だとしてマスコミを騒がせたことがあった。不正を働いた理由をメディアから問われた社長は、「障害者用客室をつくっても、年に1人か2人しか泊まりに来なくて、結局、倉庫みたいになっているとか、ロッカー室になっているのが現実」だと発言し、それがまた利益最優先の考えだとして物議を醸すこととなった。この発言を聞いた当時の中田宏横浜市長は、会見で「世の中をなめている。ああいうホテルは利用しないで頂きたい」と怒りを露わにし、また、障害者団体からも非難が殺到、社長は記者会見で涙ながらの謝罪に追い込まれた。

法律違反があったことは明白なので、その点の是非は問うても意味がない。ここで注目すべきは、社長の「年に1人か2人しか泊まりに来なくて」という発言である。不正改造があったのは、東横イン横浜関内店で、徒歩圏内に山下公園、神奈川県庁、横浜市役所、横浜スタジアム、中華街等があり、JR関内駅からも徒歩5分だ。これだけの好立地にもかかわらず身体障害の泊まり客が少ないのは不思議である。

実は、この問題の真の原因は、ホテル宿泊客が利用するであろう関内駅にある。同駅はビルの3階ほどの高さにホームがあり、当時は改札口までの長いエスカレータがあるのみで、車椅子用エレベータは設置されていなかった。(13) 県庁や市役所のある神奈川の玄関口ともいうべき駅がなんとバリアフリー化されていなかったのである。

駅などのインフラ設備がバリアフリーになっていなければ、身体障害者は町に出ることができないため、ホテルに泊まることもレストランで食事をすることもないだろう。そして、「年に1人か2人」程度しか利用しない障害者用客室の整備は、企業にとって過重な負担になる。厳しい口調でホテルを非難した市長は、まず長期間にわたってエレベータの設置を怠ったJR東日本やそれを容認していた横浜市民ならびに自らのバリアフリーに対する意識の低さの方に目を向けるべきだったのだ。(14)

「銀座の屈辱」はレストランの配慮不足なのか

2013年6月、『五体不満足』で有名な乙武洋匡《ひろただ》氏が銀座にあるレストランで食事をしようとしたさい、予告なしに車椅子で来店したことを理由に入店を断られたという出来事があった。そのあと同氏がこれを「銀座の屈辱」だとしてツイッターで店名を出して非難したことからフォロワーを中心に話が広がり、店に対する苦情電話が殺到、店長は謝罪に追い込まれた。

複数のメディアからの情報によれば、レストランは車椅子客の入店そのものを拒否していたわけではなく、事前にその旨を伝えておけば入店を認めていた。同日拒否されたのは、乙武氏が車椅子利用者であることを告げずに予約していたためとされている。したがって、「銀座の屈辱」の論点は障害者を差別していたかどうかではなく、同氏に対する配慮のコストが過重であったかどうか、そして過重でなかったとすれば店側が配慮提供の努力義務を怠っていたかどうかである。

乙武氏はそれほど大柄な人ではないので、同氏を抱えて階段を上ることはさほど大きな負担にはならないと思われる。ただ、私も実際にこのレストランに行って食事をしてみたが、同店は席数12の小規模なトラットリアで、オーナーシェフとフロアスタッフの2名のみで切り盛りをしている。したがって、配慮を必要とする客に予告なしに来店された場合は、調理やフロアサービスをストップさせないと対応が難しいことが予想される。同店にしてみればこれは過重な負担ということになるだろう。

しかし、ここで考えなければならないのは、過重になってしまう理由である。乙武氏のツイートによれば、店は「他のお客様の迷惑になる」ため配慮できないということのようなので、予告なしに訪れた乙武氏よりも他の客への配慮を優先させたということである。逆に言えば、他の客が車椅子利用者への対応を優先させても一向に構わないと考えていれば、店は乙武氏への配慮提供ができたのかもしれない。したがって、「銀座の屈辱」について配慮不足だと店を批判することは、結果的に他の客さらには世間一般の人たちに障害者への配慮が足りないと言うのと同じなのである。

全体最適という意味での〝合理性〟

エレベータの設置されていない駅でしばしば見かけるものに車椅子対応エスカレータがある。これはエスカレータの階段3段分がフラットになり、そこに車椅子を載せて昇降させるという装置である。ただし、使用する前に他の利用者をすべて降ろしておく必要があり、また車椅子が乗っている間、他の人はエスカレータを利用できない。すなわち、この装置を使うと、エスカレータは5分～10分間程度は車椅子専用になるのである。

これに似たものとして、折りたたみ式の階段昇降機がある。こちらは、普段は階段の脇に畳まれているが、利用するときには広げて車椅子を載せ、階段を昇降する。したがって、他の客を排除することはないが、昇降機の幅だけ階段が狭くなる。

しかし、実際に駅を利用していて思うことだが、この装置を使っている身体障害者にお目にかかることはほとんどない。その理由は明白である。障害者が一般人に配慮しているからである。障害者は自分たちがこれらの装置を使うと一般の利用客に不便をかけることをよく知っている。なかには利用中に「通勤時間帯に使うなよ」的な冷たい視線を投げかけられた経験のある人もいるだろう。

こうした〝バリアフリー装置〟は駅の障害者に対する〝配慮〟ということになってはいる。しかし、設備を用意しただけでは配慮にも何にもならないことをこの事例は示している。すなわち、この装置が効力を発揮するためには、一般の利用客に「乗る電車が1～2本遅れても障害者を優先させよう」という配慮の気持ちが必要なのである。(15)

これと同じことがデパートのエレベータでも観察される。自分の経験になって恐縮だが、車椅子の子どもを連れて休日のデパートを訪れたとき、ほぼ満員状態で到着したエレベータから降りて私たちを乗せてくれた人に残念ながらこれまで一度もお目にかかったことがない。おそらくベビーカーに幼児を乗せた母親も同じような経験をしているだろう。そこで最近では、車椅子／ベビーカー専用エレベータなるものが登場し、しかも一般客が利用しないように店員が配置されている。つまり、一般客に配慮の気持ちがなければ、デパートの方がコストをかけて対処することになるのである。

これら「東横イン」「銀座の屈辱」「階段昇降機」などの例からわかるように、事業者と障害者間の交渉だけで配慮のコストを下げるには限界がある。当事者がいくら努力しても、一般人の配慮のレベルが低ければ、それが当事者のコスト負担に跳ね返り、結果として過重な負担になってしまうのである。つまり、配慮が〝合理的〟であるためには、当事者だけでなく社会全体で配慮のコストを下げるという〝全体最適〟の考え方が必要なのだ。

一般人の配慮のレベルをあげるにはどうすればいいだろうか。ここで「社会的弱者である障害者をもっと思いやるべきだ」などという陳腐なお説教をするつもりはない。経済学的に考えれば、配慮のレベルが低いのは、一般人にとって配慮のコストがまだ高いためと考えられる。近年では障害者サイドからメディアを通じての情報発信も増え、障害そのものに対する世間の認知度は格段に高まった。そこでいま必要なのは現代人の経済面／精神面でのゆとりだろう。日々の生活に窮していれば自分のことで精一杯だ。また、精神的に追い詰められた状態であれば、障害者に配慮している余裕はなくなる。

「障害者差別解消法」は単なる出発点に過ぎない。法律を定めれば差別が解消するほど甘くはない。この法律に魂を入れるため、障害者はもとより国民全体が差別と配慮の意味をよく理解し、どうすれば社会全体の配慮のコストを効果的に下げられるか深く考えなければならない。

注

（1）本章では、差別の本質的な意味を問う目的から、障害のある女性のように複数の属性に起因する〝複合差別（重複差別）〟や被差別者グループのなかで発生する〝重層的差別〟については扱わない。

（2）ベッカー型差別を扱った映画として『42～世界を変えた男～』（ワーナー・ブラザース）がある。この映画では、ジャッキー・ロビンソンという黒人の野球選手がその卓越した能力を発揮することで黒人選手に対する偏見を打ち破っていく姿が描かれる。ただ、そこで重要なことは彼の野球選手としての高い身体能力に加え、差別的扱いに対しても非暴力を貫いた点である。もし、暴力沙汰を起こせば、「黒人選手は乱暴だ」との評判が立ち、球団にとっても〝コスト〟となるだろう。つまり、偏見が利益を犠牲にするというベッカー型差別にあてはまらなくなるのだ。

（3）経済学には差別価格という用語がある。企業が価格に対する反応（価格弾力性）の違う消費者ごとに別料金を課してより高い利潤を得ることをいう。たとえば、航空運賃の場合、反応の強い（弾力性の高い）消費者であるツアー客には格安のエコノミー運賃を適用する一方、反応の鈍い（弾力性の低い）ビジネスマンが搭乗するビジネスクラスは一般に料金が高く割引率も低くなっている。しかし、こうした価格戦略が男女を対象とすると一転〝差別〟と受け取られることがある。1995年、アメリカ・カリフォルニア州で男女別に異なる価格を付与していた美容室が男女差別ということで裁判所から違法判決を受けたことがあった。美容サービスであれば、弾力性の低い女性には高い料金、高い男性には低い料金を提示することは合理的な価格戦略といえる。経営上合理的な〝差別〟であっても、男女ということになると別の価値基準が適用されるようだ。

（4）数学は万国共通の言語のようなもので、それを学んでおけば表現や解釈の幅が広がるというメリットがある。この知事の発言が容認されるならば、高校で習う英語の高度な文法などについても日常的に使う女子はそれほど多くはないのだから、学ぶ必要がないのではないかということになる。実際、この〝事件〟についてはメディアも大きく扱わず、知事も発言を撤回しただけで辞任にまで至っていない。その事実だけ見ても、日本において男女差別についての意識がいかに低いかがわかる。

（5）鉄道マニアのほとんどは男性である。その事実をもとに「女性は鉄道があまり好きではない」と結論づけたとすると統計的差別になるかもしれない。なぜなら、男の子は親から〝列車の本〟や〝プラレール〟などを買い与えられ、小さいころから鉄道好きになるよう仕向けられている可能性もあるからだ。

（6）心理学ではこうした人間の反応を〝利用可能性カスケード（availability cascade）〟と呼ぶ。これは人間には〝利用しやすいものに飛びつく〟傾向があるという意味である。人間の脳は省エネを好むので、時間をかけて記憶を引っ張り出すことを嫌い、簡単に思い出せることがらに頼りがちとなる。したがって、「精神障害者が刑事事件を起こした」というニュースが大きく報道されると、「精神障害者は暴力的だ」という〝思い込み〟が脳内に記憶され、ことあるごとにそれが引き出されるようになるのである。

（7）2017年6月、バニラ・エア（奄美→関空）の便で、身体障害者が這ってタラップを上がったことが報道され話題となった。当時、バニラ・エアは「歩けない人は搭乗できない」というルールを設けており、これは身体障害者に対する間接差別に相当する。なぜなら、身体障害者以外にも歩けない人はいるからである。しかし、この件が大きく報道されると、バニラ・エアの配慮提供に努力義務違反があったのではないかと指摘する声が大きくなり、同社はそれほどときを置かずしてアシストストレッチャーと階段昇降機の導入を決めた。〝歩けない〟ことと〝身体障害〟はニアリーイコールという判断があったものと思われる。のちに本文に登場する「指針」を作成した厚労省の調査官によると、日本では直接差別の定義を広く取っているので、厳密には間接差別とみなされる事例も「障害者差別解消法」の適用範囲に入るとのことである。

（8）経済学では、努力そのものは観察できないことを前提に、努力するインセンティブを与えるような制度設計を考えることが当たり前となっている。なぜなら、努力のあるなしが違法性の基準になれば、モラル・ハザードを引き起こしかねないからである。

(9)「障害者雇用促進法」第36条の5には、指針の策定や変更にあたり、大臣は「労働政策審議会の意見を聴く」と書かれているが、審議会委員は厚労省が選定／任命するので実質的に行政に全権が委ねられている。これは、法律の実質的中身について国民が行政に白紙委任状を渡していることと同じである。
(10)知的能力や理解力には問題がないにもかかわらず、文字の読み書きが苦手な学習障害のこと。
(11)そもそも「職業生活」とは具体的に何を指すのかが示されていない時点で、それを営めない原因が企業側にあるのか社員側にあるのか不明確である。
(12)これは高齢者に座席を譲ろうとしたとき、「年寄り扱いするな」とかえって気を悪くされることと同じである。
(13)関内駅のエレベータが設置されたのは2017年4月のことであり、東横イン問題から11年以上も経過したあとである。
(14)恥ずかしながら当時は私も横浜市民であった。
(15)働いている母親が子どもを勤務先にほど近い保育所にあずけるため、ベビーカーごと通勤電車に乗るケースはどうだろうか。混雑した電車のなか、おそらく他の通勤客からの冷たい視線を感じるのは想像に難くない。こうした周囲の配慮不足が結果として少子社会を招いているともいえる。

第5章

障害者施設のガバナンス

障害者福祉の枠組みは、2003年に行政機関が障害者を施設に割り振る措置制度から、障害者が施設と契約を結んでサービスを利用する支援費制度へと大転換が図られた。その後、2006年の「障害者自立支援法」、2012年の「障害者総合支援法」へと続き、障害者を主体とする福祉サービスの提供という基本的な考え方が着実に実行に移されてきている。

こうした一連の流れのなか、2017年4月、「改正社会福祉法」が施行された。福祉のパラダイム転換が行われたのだから、サービスを提供する施設サイドの法制度についても改革がなされるのは当然のことである。

福祉サービスは障害者自身が対価を支払うわけではない上に、事業者に対する資格要件など参入規制もかけられているため、価格が需要と供給をバランスさせるという通常の市場メカニズムが働かない。そして、原則として社会福祉法人など特殊な形態を持つ組織がサービス提供を担っていることから、その行動原理も通常とは異なったものとなる。

本章では、障害者福祉サービスの実施主体である障害者施設について、そこで提供されるサービスの性質を踏まえ、望ましい組織のガバナンス（統治）のあり方について考察する。その上で、福祉制度と施設サイドに付与されたインセンティブとの整合性の検証を行う。

福祉サービス市場の特徴

まず、第3章で述べた〝消費型〟と〝投資型〟の考え方に基づき、福祉サービスを類型化してみよう。消費型とは、サービスを受けた時点で満足が発生するという性質を持つものである。たとえば、介護は食事や入浴という本質的に楽しい活動に対する補助、すなわち受け手の満足を高めるサービスであるから消費型である。同じ意味から、身体障害者の身辺介助、すなわち車椅子による移動の補助、聴覚障害者への手話通訳、視覚障害者の同伴なども消費型となる。知的障害者向けに難しい表現をわかりやすく説明するのも消費型だ。

一方、福祉サービスのなかには、それを受けた時点で満足は発生しないものの、後になってからその効果が表れてくるものがある。たとえば、リハビリや職業訓練などは、それ自体さほど楽しい活動とは言えないかもしれないが、そうしたサービスを受けた結果、仕事に就くことができたり、自力で好きな場所に行けたりすることで満足が得られる。つまりこれらは、将来のより大きな満足を得るために現在の満足を犠牲にする行為であることから投資型と定義できる。

消費型と投資型では明確に異なる点がある。それは受け手がサービスの価値を評価するプロセスである。消費型の場合、サービスを受けたときに満足を得ているため、その価値は現時点でわかっている。他方、投資型サービスの対価は現時点ではどのくらいかわからない。さらに、将来の満足についても、時間の経過とともに事情が変わる可能性があるため、かつて受けたサービスの効果だったのかどうかの見きわめも難しい。つまり、投資型サービスには価値に関する不確実性が存在するのである。

こう考えてみると、消費型サービスにおいては、取引が完了したあとの担い手と受け手の関係は後腐れのないものとなり、結果として事業者に利益が発生しようと、その利益がどのように配分されようと問題はない。したがって、消費型福祉サービスでは、株式会社が提供を行うことも理論的には容認される。

他方、投資型ではサービスの価値が見えにくいため、取引は完了していても意識の上では担い手と受け手の関係は継続している。もし、事業者が利益を配分したとするなら、サービスに100%満足していない受け手は「配分する利益があるならもっとサービス内容の充実を図るべきだ」と不満を漏らすだろう。これは株式会社による運営が難しいことを意味する。投資型サービスの典型である教育や医療サービスを提供する事業者のほとんどが株式会社形態をとっていないのはそのためである。(1)

非営利組織の必要性

福祉サービスの場合、受け手の経済力が不十分なケースも多い。その場合、保険や社会保障のシステムによって受け手の負担を軽減する必要がある。

このうち、保険は多くの国民を対象に特定のリスクを軽減するための工夫であり、加入者が支払う保険料と軽減されるリスクの大きさの間でバランスが図られる。したがって、サービスの受け手も保険料という形で間接的に料金を支払っているため、擬似的な市場が形成されていると解釈できる。たとえば、介護サービスは、高齢になれば国民誰しも受ける可能性が高いことから、リスク軽減のための保険という仕組みが適当と考えられる。

一方、社会保障費による負担の軽減は、対象者が限定されるケースで適用される。すなわち、一般的には、経済的に恵まれている者からそうでない者への所得再配分という意味合いを持つ。もちろん、誰でも障害者や生活保護受給者になる可能性は否定はできないが、日本ではそうしたリスクを多くの国民が対象となる保険という仕組みで軽減しようとする動きは今のところない。社会保障費の原資は税金であり、税金をどう配分するかは行政機関の政策によって決まる。すなわち、市場メカニズムが働いているわけではない。

こう考えると、介護サービスのように保険によって運用されている事業に関しては、擬似的な市場が形成されているため、消費型サービスとして株式会社が担い手となっても問題はないだろう。[2] 他方、障害者支援サービスのように、税金を原資とし、報酬が政策的に決められている事業に関してサービス取引を後腐れなしに完了させるには、担い手と受け手だけではなく納税者の合意も必要となる。だが、各々の福祉サービスについて、納税者の合意を得ることはほぼ不可能である。したがって、そこから生じた利益を事業者が自由に配分することは困難であり、株式会社による運営は適切とはいえない。そこで必要となるのが〝非営利組織〟という形態である。非営利組織は利益を配分しないというルールに縛られる法人形態である。

非営利組織のガバナンス

はじめに、株式会社におけるガバナンスの仕組みをおさらいしておこう。株式会社では、残余利益の配分を受ける株主が組織の所有者となって経営上の最終的な責任を負う。それが合理的である理由は、残余利益を最大にするためには、資産の収益率を向上させ、企業価値を高める必要があり、そうすることがとりもなおさず組織を健全に維持することにつながるからである。

もし企業の業績が向上すれば、株価は上昇し株主配当も増える一方、企業が債務超過に陥り法的整理が必要になった場合には、納入業者や債務者などとの契約履行が優先され、株主の保有する株式の価値はゼロになる。したがって、会社の経営体制の決定は、株主総会において取締役や監査役（役員）が選出され、その役員が取締役会で代表取締役や執行役員を選定するというプロセスに従う。これが株式会社におけるガバナンスの基本的な仕組みである。[3]

一方、利益配分をせず、所有者のいない非営利組織では、株主のように最終的に責任を取る主体がいない。そのため、組織の行動原理としては、増収増益や企業価値向上に代わる別ののが必要となる。それは組織の存在意義ともいうべき〝理念〟である。

そもそも非営利組織とは、社会にとって必要ではあるものの、株式会社のような営利法人では提供しづらい財・サービスを生産する目的で設立される。したがって、そこには必然的に設立者の〝使命感〟や〝熱い思い〟が反映されている。そして、そこで働く職員たちはその理念に賛同した人たちが中心となる。職員たちの仕事のやりがいは、金銭的な報酬だけではなく、理念の実践に対する自らの貢献によっても生まれる。こうすることで組織としての求心力が強まり、ガバナンスがうまく機能するのである。

しかし、すべての非営利組織がこうなるとは限らない。第1に、理念が曖昧であった場合、職員がそれを自分の都合のいいように解釈して行動するため、組織の方向性は定まらなくなる。そして、曖昧な理念では一定の評価基準がつくれないので、ミッションが正しく実行されているかの検証も難しい。

第2に、非営利組織では役員らが代替わりしていくにつれ、設立当時の理念が失われていくこともある。特に、天下り的な形でトップが代わっていく法人では、現場の職員がトップよりも相対的に豊富な知識を持つようになり力関係が逆転する。改めて設立時の理念を浸透させようとしても、自分流のやり方に慣れてしまった現場が抵抗し、組織の統率がとれなくなるのである。

障害者施設の提供するサービス

障害者施設には大きく分けて、消費型サービスを提供しているところ、投資型サービスを提供しているところ、そしてその両方を提供しているところの3種類がある。厚生労働省のホームページに「障害福祉サービスの内容」として記載されている17種類のサービスをこれら3つに分類してみよう。

・消費型サービス

居宅介護、重度訪問介護、同行援護、行動援護、療養介護、生活介護、短期入所（ショートステイ）、共同生活介護（ケアホーム）、施設入所支援、共同生活援助（グループホーム）、就労定着支援

・投資型サービス

自立訓練（機能訓練／生活訓練）、宿泊型自立訓練、就労移行支援

・混合型サービス

重度障害者等包括支援、就労継続支援A型（雇用型）、就労継続支援B型（非雇用型）

介護／援護／援助と名のつくものは、本人の生活をより快適にするためのサービスと位置づけられるため消費型となる。また、2018年4月にスタートする就労定着支援は、就労の継続がミッションとなるので消費型といえるだろう。一方、自立訓練と就労移行支援は、標準利用期間の範囲内で障害者の自立や就労を目指した訓練を受けることから、将来の目標が明確化されている投資型サービスである。また、混合型サービスの重度障害者等包括支援は、常時介護を要する障害者が対象で、生活全般に関するサービスを包括的に実施することから、消費と

投資の区別がつきにくいので混合型だ。

ここで注目したいのが混合型の就労継続支援A型とB型サービスを提供する施設である。厚労省の説明によると、前者は「雇用契約に基づき、（略）生産活動その他の活動の機会の提供、その他の就労に必要な知識及び能力の向上のために必要な訓練、その他の必要な支援を行う」もので、後者は「通常の事業所に雇用されることが困難な者につき、生産活動その他の活動の機会の提供、その他の就労に必要な知識及び能力の向上のために必要な訓練、その他の必要な支援を行う」施設となっている。

簡単に整理すると、A型もB型も活動のための支援を行うという意味では消費型サービスの要素を含むが、就労に必要な訓練を施す点で投資型でもある。ただ、A型は「雇用契約に基づく」という条件があり、B型と一線を画している。雇用契約を結ぶということは労働基準法に縛られるため、施設は最低賃金規定を遵守し、時間外労働をさせるときには36《さぶろく》協定を結ばなければならない。

この厚労省の説明には大きな矛盾がある。なぜなら、A型もB型も訓練期間に制限を設けていないからである。訓練とは、達成すべき目標と達成までの期限が明示されてはじめて成立するものだろう。それとも障害者は期限の定めなく終身訓練に励まなければならない存在なのだろうか。実は、この矛盾こそがA型とB型のガバナンスを著しく困難にしているのである。

消費型施設と投資型施設のガバナンス

消費型サービスを提供する障害者施設では、利用者の料金負担は所得水準に応じて定められている。実際、市町村民税が非課税あるいは生活保護受給世帯は利用者負担ゼロである。そして厚労省「障害福祉サービス等経営実態調査」によれば、２０１３年における事業収入全体に占める利用料収入の割合はわずか４・８％に過ぎない。つまり、障害者施設は納税者から集めた税金によって運営されているといってよい。

こうした状況では、消費型サービス事業の正当性は株式会社のように収益の多寡ではなく、受け手である障害者の満足によって評価されるべきである。[4] そして、施設の理念は〝障害者の満足度の向上〟とか〝心地良いサービス提供の実現〟といったものが望ましい。

ところが自らの意思表示が困難な重度心身障害（重心）や円滑なコミュニケーションをとることが難しい自閉スペクトラム症の人たちの場合、施設の提供するサービスが障害者にとって満足のいくものなのか判別しにくいことがある。たとえば、重心の人たちは食事のまずさを嚥下のしづらさで表現し、自閉症の人たちは何か訴えたいことがあるときパニックを起こすことがある。しかし、施設職員はそうした反応そのものを〝障害〟とみなし、自分たちの提供するサービスの方に問題があるとは思わないかもしれない。そして、周囲に対しては、「この人たちの障害は重いから」と言い訳をするだろう。

また、意思表示が可能な障害者であっても、筋ジストロフィーなどの難病患者は、施設のサービスに満足していなくても、それは自分の病気のせいであり、そんな病気にかかってしまった自分が周囲に迷惑をかけていると考え、あえて不満を口に出さないかもしれない。

ガバナンスの目的は、組織としてミッションの遂行に励んでいるか、正しい方向へ向かっているかなど運営の健全性をチェックし、組織を統治することである。サービスの受け手である障害者から内容についての正しい情報が発信されず、サービスを提供する施設サイドの言い分だけが伝わるようになると、施設はガバナンス不全に陥りやすくなる。そして、現場で何か問題が起こっても、それはサービスの受け手である障害者の責任に転嫁され、そのまま放置される。知的障害者への虐待や精神障害者への拘束具の装着なども障害を理由に正当化されるおそれがある。

こうしたガバナンス不全が起きたときのために、「社会福祉法」第65条には「都道府県は（略）利用者等からの苦情への対応について、条例で基準を定めなければならない」とあり、各施設には「苦情受付担当者」「苦情解決責任者」「第三者委員」が置かれている。しかし、問題が起きてから対処したのでは手遅れである。障害者の満足度が見えにくいことが本質的な原因であり、どう見えるようにするかが消費型施設に与えられた課題なのである。

一方、投資型サービスを提供する福祉施設では、生活と就労へ向けての訓練というミッションが明確化され、しかもサービス提供期間が定められているため、制度設計上はガバナンスの問題は起こりにくくなっている。あとは、ミッションが正しく遂行されているかどうか事後的なチェック体制を整備することが重要である。

実際、成果の評価については厚労省が一定の基準を設けている。すなわち、過去2年間で一般就労への実績があった事業所には事業報酬の加算がされる一方、過去3年間の移行実績がゼロのところは報酬の15%をカット、過去4年間では30%カットとしている。こうしたインセンティブの付与は、投資型サービスへの行政機関によるガバナンス強化策といえるだろう。

混合型施設のガバナンス上の問題点

まず、A型について検討しよう。この施設は、別称「雇用型」とも言われるように、障害者に対して労働基準法に基づく雇用契約を提示するとともにその内容を遵守することが第1の任務である。すでに述べたように、そこでの職員の仕事は、障害者の職場環境が快適になるよう支援する消費型サービスの提供である。快適性についての評価は難しいが、少なくとも労働基準法が遵守されているかどうかのチェックは比較的容易である。他方、投資型サービスである自立へ向けての訓練についてては、先に述べたように期限が定められていないため、それが成果をあげているかの検証は難しい。

A型におけるガバナンス上の最大の問題点は、消費型サービスと投資型サービスの利益相反である。最低賃金規定を守らなければならない消費型サービスでは、戦力となる生産性の高い障害者を一定数確保することが必須である。他方、投資型サービスの目的は、障害者に訓練を施し、生産性をあげ、企業での就労に結びつけることである。したがって、投資型サービスの成果をあげようとすると生産性の高い障害者を外部に出すことになり、消費型サービスの足を引っ張ってしまう。こうしたそもそも両立が困難な2つのミッションを遂行させようとしているのがA型なのである。このような状態では組織のガバナンスはできない。

B型は障害者と労働契約を結ぶ必要がなく、最低賃金の縛りもないため、消費型サービスに該当する「生産活動の支援」についての成果が見えにくい。他方、投資型サービスである自立訓練についてもA型と同様に期限の定めはない。こうなると、B型のミッションならびにそれを遂行するための理念は定まらず、「生き生き」「笑顔」「ふれあい」といった具体性に欠ける当たり障りのない表現になりがちだ。実際、B型で障害者たちが受け取っている給与は、月額1万5000円程度に過ぎない。これでは生産活動を支援しているとは言いがたい。また、B型から企業の一般就労への移行率もわずか1・6％に留まっている。

工賃倍増計画

厚労省もこの状況にただ手をこまねいていたわけではない。2007年1月、第1次安倍内閣が「成長力底上げ戦略構想チーム」を立ち上げ、国民全体の所得・生活向上を目指すべく政策づくりに取り組むと発表したのを受け、厚労省も障害者の所得向上を目指すべく、「工賃倍増5か年計画」を発表した。図表5‐1と5‐2はその工程表ならびに推進イメージである。

同計画の策定にあたり、厚労省の社会・援護局が提示した工賃倍増の具体策は以下の5項目である。

※経営者、施設長、職員、利用者、家族が一丸となること
※コンサルタント任せにせず施設が実施主体となること
※商品開発、市場開拓、作業効率向上のための計画を立てること
※地域の最低賃金を考慮し、工賃の目標値を設定すること
※計画推進に向けてＰＤＣＡサイクルを実施すること

図表5−1　「工賃倍増5か年計画」の工程表

	国	都道府県	事業所
18年度	工賃水準ステップアップ事業実施 ［授産施設に経営コンサルタントを派遣し、経営改善を図るモデル事業］	実施結果を検証し、19年度の事業に反映	先行スタート
19年度	円卓会議等の場を利用し、障害者に対する企業からの仕事の発注を奨励する仕組みを紹介するとともに、工賃倍増計画の内容における助言を行う		準備期間
	工賃倍増計画の各地域の事例を元に、他地域へノウハウを提供する	地域の起業グループや労働行政とネットワークを構築し、当該ネットワークが中心となり工賃倍増計画を策定	前期スタート
	事業所職員、利用者、保護者の意識改革		
20年度	先進事例の収集を図り、広く公表する等の情報提供を実施	工賃倍増5か年計画の実施 ①事業所の取組をサポート ②平成19年度の取組内容の点検 →課題の抽出	事業実施 準備期間 後期スタート
	就労支援に関わる職員、利用者、保護者の意識改革		
21年度	各都道府県の進捗状況を調査	平成19年度に策定した工賃倍増計画を、より実態に即した内容に見直し	事業実施 準備期間
22年度	各都道府県の進捗状況を調査するとともに遅れている地域の後押しを実施	見直した工賃倍増計画に基づき事業を実施	事業実施
23年度	工賃倍増計画に基づき引き続き事業を実施するとともに、事業内容の検証を行い、今後の工賃水準向上に結びつける		工賃倍増達成

（出所）厚生労働省資料

図表5–2　「工賃倍増5か年計画」推進イメージ

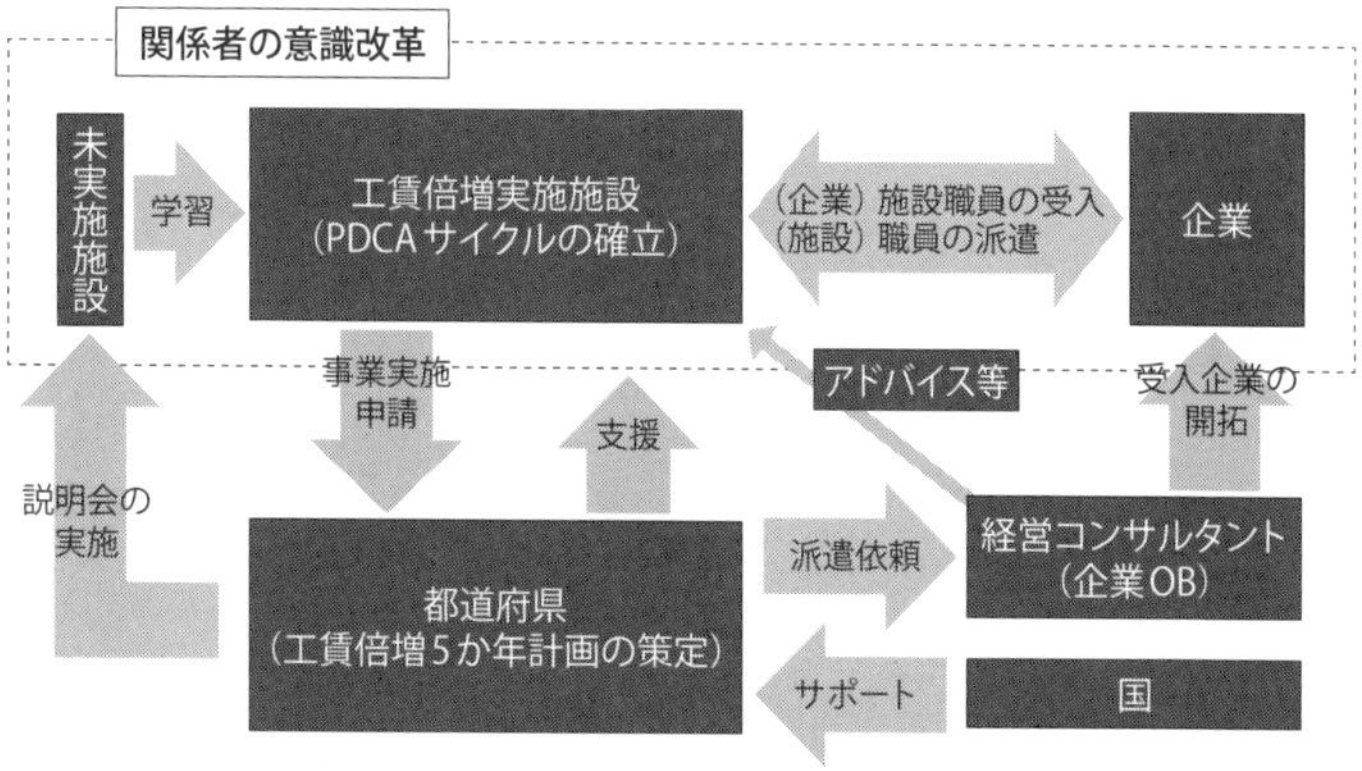

(出所) 厚生労働省資料

そして、施設に対しては成果に応じて報酬を増やすというインセンティブも与えた(5)。

B型の工賃というのは、障害者が施設で働いて得た収入から原材料費や光熱費などを差し引いた残りを障害者だけで配分したものだ。したがって、この計画を実行するには、他の事情を一定とした上で、

①売上を2倍にする
②付加価値を2倍にする
③障害者の数を半分にする

のいずれかを5年で達成しなければならない。

このうち、①の実現には、障害者自身の仕事量を増やし、安定的な販路を確保しなければならない。施設を休みがちで長時間労働に耐えられない

利用者がいる施設や、施設での店舗売りや地域のバザーなどを通じての一般客向け販売だけでは実現はまず無理だろう。②については、ターゲットとする客層を変える必要がある。「障害者が一生懸命つくりました」などというキャッチフレーズで客の善意に訴えかける売り方では、単価は100~200円が関の山である。それを300~500円にするためには、品質を向上させ、商品の価値を認めてくれる客を見つけなければならない。そして、③を行うには、戦力の増強が必要となり、生産性の低い障害者を退所させる必要がある。

これら3つの条件は工賃倍増を言い換えただけに過ぎず、そこにマーケティングや経営上の工夫が加わって初めて課題のクリアは可能となる。もっとも生き馬の目を抜くビジネスの世界で売上を伸ばしたり付加価値をあげたりするのは至難の業といえよう。それをビジネスに疎い人たちが多く集まる福祉施設において、わずか5年という短期間で実現させようという計画は無謀というしかない。先に示した社会・援護局の5項目も、策というにはお粗末な内容で、「一丸となる」といった精神論や「商品開発、市場開拓、作業効率向上」など工賃倍増の同義反復に等しい文言が並んでいる。そして案の定、B型の工賃は、2006年度の1万2222円から2011年度の1万3586円と、倍増どころか1割程度しかあがらなかったのである。

国民からの税金で運営される行政機関が策定する計画は、単なる絵空事ではなく、国民との約束である。にもかかわらず、この失敗に対しては誰1人として責任をとっていない。株式会社でこんなことをやれば取締役の首が飛ぶだろう。役所を含めた福祉業界全体のガバナンスの甘さが端的に表れた事例といえる。

精神障害者施設の難しさ

Ａ型やＢ型のなかでも、精神障害者向けとなるとさらにガバナンスが難しくなってくる。その原因はミッションを遂行する上でのインセンティブのつけ方にある。

身体障害者や知的障害者の場合、就労支援の定義は比較的明確といえる。たとえば、脊髄損傷を負った人にはＩＴ技術を身につけさせ企業での一般就労につなげるとか、自閉的傾向の強い人には高度なコミュニケーション能力が要求されない仕事を見つけるといった具合である。

それに対して、精神障害者では何が支援にあたるのか傍目にはわかりにくい。その原因は障害の特徴にある。精神障害者のなかには、知的能力は高いものの、長時間労働やストレスのかかる仕事は苦手な人が多く含まれている。そして、体調に好不調の波があり、毎日出勤するのが難しい人たちもいる。この人たちに対する支援とは、ただ仕事を与えるのではなく、好不調の波を的確に見きわめ、適度に〝休ませる〟ことなのだ。

一方、行政から施設に支給される自立支援事業の報酬は、何人の障害者がどのくらいの頻度で支援サービスを受けたかに依存して決まる。したがって、休ませるということは施設利用頻度を下げることになり、報酬の減額につながる。休ませることも支援のうちと考えている施設にとってみれば、それで報酬が減額されることには納得がいかないだろう。

行政サイドの制度設計のロジックも理解できる。〝休ませる〟ことに報酬を与えれば、施設は精神障害者をあえて自宅待機にさせ、何もしないで報酬を得るというモラル・ハザードが起きるかもしれないからだ。したがって、精神障害者向け施設のガバナンスを強化するためには、行政機関がサービスの受け手である精神障害者本人のニーズ把握と労働の成果などに関する情報を集め、その実施状況を正確に把握しなければならない。

福祉施設はどこを向いているのか

所有者のいない非営利組織では残余利益の配分が禁じられている。しかし、そのことは利益を出してはならないという意味ではない。組織を維持していくためには、財政状態の健全性は不可欠である。

ただ、ここで問題となるのは福祉施設の〝利益〟の意味するところである。株式会社にとっての利益は、受け入れた資本を生産性の高い資産に変換していることの証拠と位置づけられる。

図表5-3　あるA型施設の損益計算書

費用		収益	
職員給与	14,700,000	補助金収入	1,125,000
利用者工賃	13,840,000	就労事業収入	16,520,000
その他人件費	3,340,000	給付費収入	26,160,000
その他経費	11,180,000	利用者負担金	33,000
当期利益	838,000	雑収入	60,000
	43,898,000		43,898,000

利益を出すことで、会社という組織の存在が市場から認められていると言ってもよい。ところが、福祉施設の場合、与えられているミッションとの関係から会計上の〝利益〟をとらえ直す必要がある。

図表5－3は、あるA型の損益計算書を示したものである。収益のうち最も額が多いのは給付費収入であり、これは障害者に提供した自立支援サービスの量に応じて行政から支払われる報酬である。その次は、就労事業収入で、こちらは障害者の生産活動によって生じた売上に相当する部分である。費用に目を転じると、職員に対する給与支払いが最も多く、次いで、利用者（障害者）への工賃、その他経費と続き、収益と費用の差額は84万円ほどで、これが当期利益とされている。

会計上はプラスの利益が出ているので、組織として健全な運営がなされているように見えるが果たしてそうだろうか。実は、表で収益に含まれている「補助金収入」「給付費収入」はいずれも納税者による税金が原資であり、市場を通じて得た報酬ではない。また、「利用者負担金」は、施設が提供するサービスに対する障害者の自己負担分に相当する。ということは、これら3つは納税者と障害者本人が施設のサービスに投じたインプットと解釈できる。他方、費用となっている利用者工賃は、A型のミッションである「障害者に対する生産活動の支援」のアウトプットとも言うべき項目だろう。したがって、社会収支で見れば、このA型は表の収益の網かけ部分である約2732万円の費用を投じ、費用の網かけ部分である1384万円の収益しか生んでいないわけで、健全な経営どころか1348万円の赤字を出していることになる。(6)

ここで強調したいのは、障害者施設会計の収支と社会の収支は項目が逆転しているということである。組織運営上は当期利益が健全性の指標のように思われがちだが、「雇用型」と銘打つA型に対して社会から与えられたミッションは、税金で賄われたリソースを有効活用し、それを上回る成果としての給与を障害者に支払うことである。それができないのならば、極端な話として、施設につぎ込んだ税金を直接障害者のための所得保障に回し、施設の建物や職員のマンパワーは別の事業に役立てた方が資源配分としては効率的といえよう。監督官庁である厚労省が社会収支の赤字を垂れ流しているA型を放置しているのは、制度のあり方そのものに疑念を生じさせるものであり、ガバナンス上きわめて不適切と言わざるを得ない。

社会福祉法改正によるガバナンス強化

２０１７年４月に改正される前の社会福祉法は、社会福祉法人のガバナンスのルールがきわめて脆弱だった。その理由は、もともと民間の社会福祉事業は篤志家による善意や障害児を持つ親たちの〝子を思う気持ち〟によって始められたからである。つまり、善意や親心に基づく組織には〝性善説〟的対応をすべきであって、法的なガバナンスシステムの適用は相応しくないという考え方である。

ところが、年月が経過し、法人の代表者が入れ替わるにつれ、設立者の〝熱い思い〟は抽象的な理念として形骸化し、組織を束ねる力が弱くなったことから、法人が〝糸の切れた凧〟のように方向性を見失って迷走するリスクが高まってきた。社会福祉事業には年額４兆円の国家予算がつぎ込まれている。公的な資金に頼って運営される以上、法律による縛りが必要となってきたのである。

株式会社では意思決定機関は取締役会であり、そのメンバーと会計監査人は株主総会において選任される。社会福祉法人においては、理事会が意思決定機関である。株主はいないものの、公益性の観点から組織運営をチェックする評議員と監査を行う監事がいる。以前の法律では、これら役員の資格要件、人数、職務などが明示されておらず、法人によっては理事を親族で固め、評議員が理事を兼務するなど役員会が形骸化するおそれがあった。また、監事の役割が決算の監査業務に限定され、理事の関係者が務めるなど本来のチェック機能を果たしているとは言いがたい状況だった。

改正法では、理事の人数は6名以上でなければならず、3親等以内の親族は3名までに制限された。また、評議員は理事を超える人数でなければならず、その独立性を担保するため、法人職員、理事、監事との兼務は禁じられ、評議員または役員の3親等以内の親族も評議員にはなれなくなった。そして、監事は2名以上の設置が義務づけられ、評議員と同様の資格要件が適用され、会計上の監査だけでなく福祉業務の監査も行わなければならなくなった。

このように社会福祉法人のガバナンスは以前と比べて格段に強化された。とはいうものの、すべての法人がこの用件を満たすためには、役員の適格者があまりに少ないという現状がある。そのため、別法人の理事や行政機関の元職員を役員にするケースも多い。(7) また、監事については会計監査はともかく、福祉業務の監査となると業務内容や関連法にかなり詳しい人物が求められる。仕様はできたものの、中身がまだ伴っていないというのが現状で、改正法が効力を発揮するにはまだ時間がかかりそうだ。

営利法人のA型への参入

最低賃金をクリアしなければならないA型への新規参入は容易ではない。付加価値の高い製品を効率良く生産し、しかも相応の事業規模も必要であり、そのためには販路の確保が要求される。ビジネスとは無関係の世界に生きてきた従来型の福祉施設にとっては根本的な発想の転換が必要となろう。

そこで、厚労省はA型事業所を増やすため、営利法人によるA型事業への参入を認めている。既存の企業がA型に参入するさいには、まず親会社の出資によってA型事業を専門に行う子会社を設立しなければならない。このルールは、行政からA型事業向けに支払われる給付金を同じ会社の別の事業に流用するのを防ぐためと考えられる。

確かに、この制度によってA型は爆発的に増加した。2010年から2015年までの6年間で事業所数は707から3158へと4・5倍になり、そのうち営利法人の運営によるものは174から1690へと10倍に膨れあがった。（図表5－4参照）これだけ見れば政策的には大成功のように見える。(8)

ところが、営利法人によるA型事業にはガバナンスの上で大きな問題がある。そもそも福祉事業は税金によって賄われることから、残余利益を配分しない非営利組織によって運営される

図表5-4　A型事業所数の推移

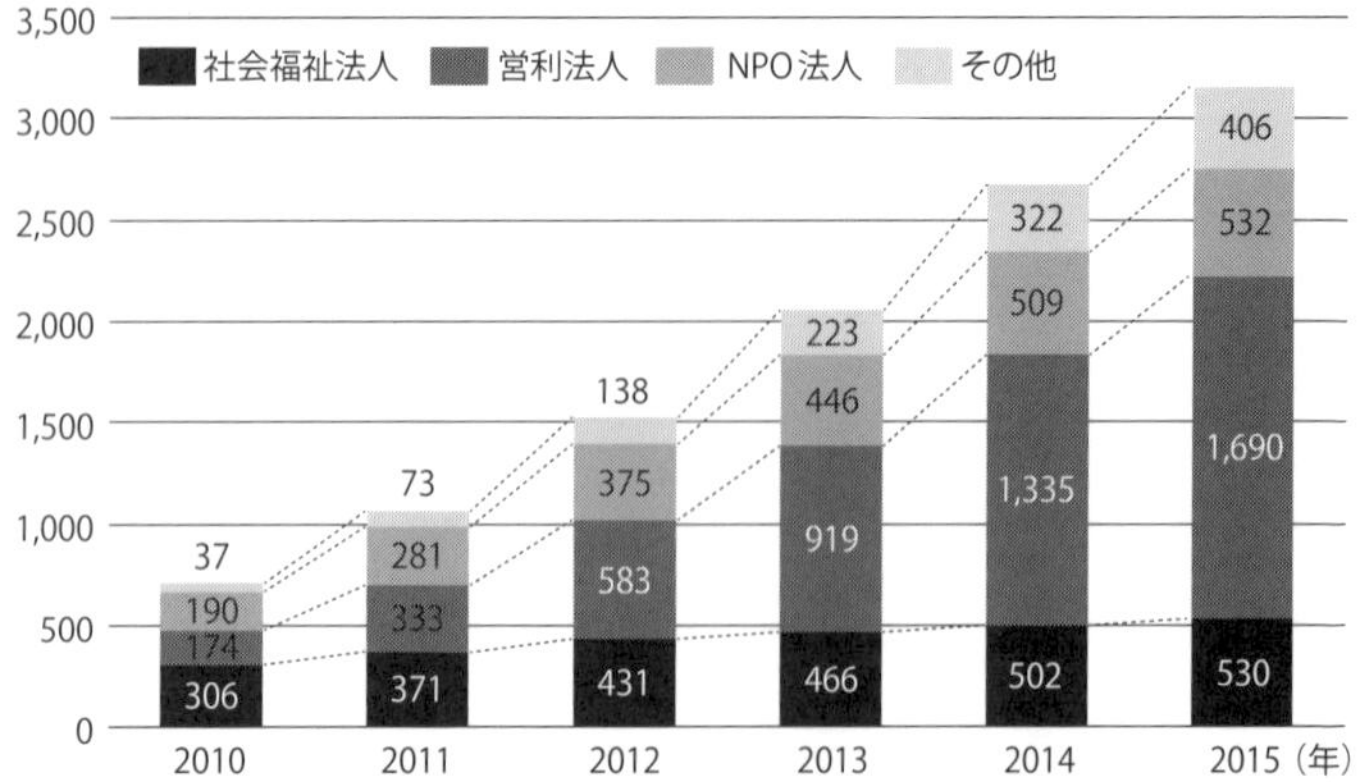

（出所）厚生労働省『障害者の就労支援施策の動向について』

のが原則である。そして、そのガバナンスは組織を束ねる理念に頼るという形をとり、社会福祉法人であれば業務内容の監査を行う監事が置かれなければならず、監事からの報告を受けた評議員が理念に基づいた業務の遂行がなされているかどうかチェックをする。

しかし、営利法人では基本的に株主に対する説明責任から会計監査が中心となる。また、そもそも営利法人にとって理念はガバナンスの根幹ではなく、基本的に利益さえ出していれば株主から不満が出ることはない。したがって、業務の内容がA型の理念にそぐわないものであったとしてもそれがチェックされずに放置されることになる。税金が使われている福祉事業において、会計だけで監査が終わっているのは重大な問題である。

そして案の定、近年営利法人によるA型制度の悪用が目立つようになってきた。そのカラクリは以下のとおりである。たとえば、ある企業が障害者10人との間で月間22日の通所と1日4時間勤務の雇用契約を結び、行政から129万8000円（10×22×5900）の給付金を受け取るとしよう。そのとき、障害者には79万2000円（10×22×4×900）の支払いが発生する。本来ならば、その差額である50万6000円は障害者のための支援プログラムの実施費用にあてられるはずだが、通ってくる障害者に特別の仕事はなく、折り紙で鶴を折ったり、テレビゲームをしたりして時間を潰しているのでほとんど費用はかからない。このようにして補助金目当ての〝ビジネスモデル〟が成立するのである。障害者にしてみればそれでも時給900円をもらえるわけだから多少の小遣い稼ぎにはなるだろう。まさに、この事業所と障害者はwin-winの関係であり、損害を被っているのは納税者ということになる。(9)

この問題の厄介なところは、最低賃金をクリアしている上に労働時間の違反もなく、何ら法に触れる行為をしていないという点である。これには厚労省も頭を悩ませ、2017年3月、全国の自治体向けにA型施設に関する指定基準の改正を通達した。具体的には、「生産活動に係る事業の収入から生産活動に係る事業に必要な経費を控除した額に相当する金額が利用者に支払う賃金の総額以上となるようにしなければならない」というものである。簡単に言えば、給付費を障害者の給与に回してはならないということだ。

しかし、この通達はA型で働く職員の負担を重くする一方、不正の防止にはほとんど効果がない。まず、A型施設のなかには職員が障害者の支援という枠組みを超え、障害者の仕事そのものを手伝っているところが多く見られる。なぜなら、職員がそこまで関与しないと最低賃金以上の給与を支払えるだけの収入が得られないからである。こうした状況にあって給付金を給与にあてられなくなれば、その分、職員がさらなる労働力を障害者に提供しなければならなくなるだろう。さらに、この通達どおりに会計処理をしてさえいれば給付金はこれまでどおり支給され続けるので、親会社が子会社の運営するA型施設から製品やサービスを買い取るなどの操作をすれば実質的には以前と同じ状態が保持されることになる。(10)

ただこうした不正は、かかわったのが営利法人ゆえにA型の問題点が露骨な形で表れただけであって、前に述べた施設会計と社会会計の収支逆転現象と根っこは同じである。すなわち、給付金と障害者給与の差額というネットのリターンが不正のインセンティブになっているのであり、給付金を上回る給与が障害者に支払われているという社会収支の黒字化が達成されていれば、起こりえなかった問題なのだ。給付金はあくまで障害者給与への補助と位置づけるのが福祉のあるべき姿だろう。厚労省がA型のガバナンス・システムをいい加減に扱ってきたツケがここへ来て回ってきたといえる。(11)

コラムH

サムハル

スウェーデンにあるSamhall AB（サムハル）は、２万人の障害者を雇用する政府１００％出資の株式会社である。そのミッションは、「機能不全を持つ労働者の能力開発、社会的排除との戦い、持続可能なスウェーデン社会への貢献」となっている。スウェーデン政府は同社に対し、①7％の自己資本利益率、②30％の自己資本比率、③２９４０万時間の総労働時間、④１１００人の一般就労への移行、⑤新規採用者の40％は職業安定所認定の比較的重度な障害者、という経営目標の達成を求めている。

その業務内容だが、雇用者ベースでは、清掃や洗濯などサービス業務に62％、他社への派遣労働業務に31％、組立や包装など製造業務に7％が従事し、収入の内訳はそれぞれ58％、24％、17％である。取引先は、ＩＫＥＡやＶｏｌｖｏなど有名企業から中小の小売店やレストランまで４８００社にも及ぶ。製造業務のウェイトが低いのは、同国の産業構造の変化を反映したものである。

図表5-5は、サムハルの損益計算書である。政府からの補助金が収益の約6割を占めてい

る。同社の説明によれば、補助金を受ける根拠は、政府から課されている上記の経営目標を達成するには他社よりも追加的な費用がかかるためだとされている。

このように国営企業であるサムハルは、賃金労働の確保と一般就労への移行という両立の難しい目標が与えられ、職業安定所が認めた重度障害者を採用しなければならず、さらに補助金は他社とのイコールフッティングを実現する範囲に限定された上で、一定の利益率をあげなければならないのである。

こうしたサムハルに対する評価はさまざまだ。その福祉的側面を評価する一方で、経営目標間の矛盾や障害者の採用過程での問題点を指摘する意見もある。(*) 確かに、多くの障害者に働く場を提供することの社会的意義はあるにしても、収入の半分を超える額の補助金を受け取りながら、利益を出さなければならないことに経営上の矛盾があることは否めない。また、2016年の実績では、1179人が一般就労に移行した一方で、1年以内に419人がサムハルに戻っている。スウェーデン国内でも障害者ばかりを集めた閉鎖性の強い職場という声がときおり聞かれるという。

図表5-5　サムハルの損益計算書（2016年）

費用		収益	
原材料費	4,260	事業収入	30,084
従業員給与	71,292	在庫品増減	−12
その他経費	16,008	補助金収入	52,860
当期利益	−1,944	その他収入	6,684
	89,616		89,616

ただ、サムハルの事業において、本章で述べた「社会収支の赤字」が回避されている点は評価に値するだろう。つまり、従業員給与が補助金収入よりも184億円多くなっている。実際、同社への補助金は人件費の90％を超えてはならないという規定もある。見方はいろいろあるにせよ、2016年のサムハルが経済的価値184億円相当の社会貢献をしたことだけは確実なのである。

＊福島淑彦「サムハル－スウェーデンにおける保護雇用の取り組み」Business Labor Trend, 2011.3, JILPT.

B型のミッションを考える

先に触れた「工賃倍増計画」は、B型の工賃があまりに低すぎるという外部からの指摘を受けての福祉サイドの対応のひとつと思われる。[12]

B型に通う障害者の工賃が向上すること自体を否定するつもりは毛頭ないが、工賃を増やすことを行政指導として施設に義務づけることには問題があるように思われる。なぜならそれがB型に通う障害者の満足につながるかどうか大いに疑問だからである。

厚労省の「障害福祉サービスの内容」によれば、B型が対象とするのは「通常の事業所に雇用されることが困難な障害者」となっており、そこにはA型での雇用が困難な人も含まれている。つまり、最低賃金の縛りのないB型には、軽重さまざまな障害を持つ人たちが集まっているのである。

そうした特徴を持つB型で工賃向上を義務化すれば、生産性の低い障害者の通所を拒む一方、A型や企業での就労も可能な障害者を抱え込もうとするようになるだろう。これは障害者の満足を高めるとは思えない。

働くことの喜びは給与を受け取ることのみから発生するわけではない。思いどおりの製品がつくれたときの喜びや自分たちのつくったものが売れたときの喜びは給与とは関係がない。最低賃金に見合う生産性をあげられない障害者にとって、B型は貴重な生産活動の場になっているのである。

また、障害者のなかには生産性に縛られないB型での活動を通じて体調が改善し、一般就労に結びつく者もいるかもしれない。つまり、施設そのものの工賃をあげる必要はなく、生産性の向上した障害者が生産活動の場を移動すればよいだけの話なのである。

それではB型のミッションはどうあるべきなのだろうか。制度上の縛りのゆるさを前提とするならば、画一的なミッションは掲げづらい。かといって、「ふれあい」や「笑顔」といった漠然とした理念では組織としての求心力は維持できない。だとするならば、〝多様な障害者ニーズの充足〟による〝利用者満足の向上〟に尽きるのではないだろうか。B型に通う人が多様ならば、施設それぞれにさまざまなミッションがあってもいい。障害者がそのなかから自分に適した施設を選べるようになれば、結果として市場メカニズムによるガバナンス機能が働くようになるからである。

注

（1）トヨタ記念病院や日立総合病院などは企業立病院と呼ばれる株式会社形態を取る病院である。こうした病院は従業員とその家族らの健康管理を目的としていることから、企業の福利厚生サービスのひとつと解釈すべきだろう。また、「東進ハイスクール」という予備校を運営しているのは株式会社ナガセである。こちらは多目的の教育機関というより志望校合格という限定されたニーズを満たすサービス提供事業者なので株式会社での運用が可能と思われる。

（2）東京の目黒区に本社がある「株式会社やさしい手」は高齢者向け在宅介護サービスを株式会社で行っている。同社の社長が編者として名を連ねている『入門在宅介護ビジネス』（ぎょうせい）には、在宅介護を従来型福祉で行うことの問題点として、①利用者の不満、②職員の低い定着率、③慢性的な赤字体質、④現場任せ、の4点が指摘されている。これらはどれもガバナンスの欠如した福祉施設で起こる問題である。「やさしい手」はこの問題を解決するため、以下の経営手法を取り入れた。

第1は、明確で具体的なミッションの提示である。会社のホームページには企業理念として、「お客様の尊厳を守り、幅広いニーズをくみ上げ、自立を支援する」「お客様のご要望に沿って、速やかに対応する」「必要なときに必要なサービスを利用できる体制を備える」「専門スタッフは高度で専門的な学習や研修を積む」ときわめて具体的に書かれている。第2は、職員の教育である。すなわち、職員向けに各種セミナーを実施し、基礎知識やスキルの習得を通じてキャリア形成ができるようになっている。理念に従って働くことで自分がどのようなキャリアを積めるかを示し、現場の士気を高める工夫である。第3は、事業規模の大きさである。株式会社のメリットを活かした資金調達法で規模を拡大し、2017年時点で、社員数5396人、指定事業所数212、サービス利用者3万2000人である。これだけの規模があれば人員の効率的な配置によるコスト節約ができ、経営効率は向上する。第4は、情報の一元管理である。同社で働くケアマネージャーなどの職員全員は、情報端末を携帯し、高齢者の家庭を訪れた時間、サービス内容、問題点などをすべて端末に入力することが義務づけられる。そして本社では、IT担当者が集まった情報を整理し会社役員や管理者に伝えるプログラムの作成とメンテナンスを行っている。この情報により、会社の上層部は本社にいながらにして現場で何が起きているかを正確に把握でき、それを新たなサービスの開発や職員の評価に活用できる。

こうして「やさしい手」は利用者の満足を基本とするガバナンスシステムをしっかりつくることによって、利用者の契約コストを下げ、株式会社での福祉サービスの提供を可能にしたのである。

(3) 現在、この株主ガバナンスの主役になっているのは大量の資金を運用する投資ファンドである。すなわち、優良な資産を抱えながら経営のまずさによって利益が出ていない会社があると、投資ファンドは企業買収を仕掛け、役員を交代させ、経営を改善させたのち株式を売って利益をあげようとする。こうしたファンドのターゲットにならないよう、経営陣は株価の維持に努めようとするのである。

(4) 厚労省の同統計によれば、株式会社の収益にほぼ該当する事業の収支差額は収入全体の9・6%である。これは市場において決まる収益率というよりも、そうなるように事業報酬が決められているといった方が適当だろう。

（5）当時厚労省が設定していた自立支援事業の報酬体系によると、B型が利用者（障害者）の工賃増額による報酬加算は次の2ケースであった。すなわち、①前年度の工賃実績が地域の最低賃金の1／3以上であり前年度の工賃実績が目標工賃以上であれば1日あたり49単位加算、②前年度の工賃実績が都道府県の施設種別平均工賃の8割以上であり「工賃倍増5か年計画」へ積極的に参加していれば1日あたり22単位加算、というものだ（1単位＝約10円）。たとえば、ある県の月額平均工賃が1万円、最低賃金が時給800円だとしよう。その県のB型に月20日間通う障害者が月に5000円の工賃をもらっているとする。このとき、施設が工賃を1万円（目標額）に増額すると自立支援事業の報酬は4000円程度増え、工賃を4万円まで引き上げると報酬は約1万円増える計算になる。実際、工賃をあげるには施設に相当な努力が要求されるため、厚労省が設定したインセンティブに対して、施設はどこまでコストをかけて動くか疑問である。なお、この報酬加算のルールは2015年度に改定され、より高い目標と多い加算単位の組み合わせとなり、工賃を増やすインセンティブが強化されている。

（6）この問題を指摘されると、「ウチの施設は訓練も実施しているからだ」と説明するA型がある。つまり、相反するミッションが課せられていることを逆手にとった言い訳をするのである。

（7）ただし、異なる法人同士が役員を交換すること（いわゆるたすき掛け人事）は禁じられている。

（8）民間営利企業がA型事業に参入する動機にはおもに以下の2つが考えられる。ひとつは、障害者自立支援事業に対して支給される補助金目当てである。もうひとつはA型事業で雇用される障害者がグループ企業全体の障害者雇用率に反映されるという点である（詳しくは第6章を参照）。障害者が真に企業にとって戦力となるのであれば、A型ではなく通常の本業で雇えばいいだけの話である。また、企業が障害者の幸せを願って社会貢献をしたいというのであれば、別の非営利法人を設立して基本財産を寄贈し、そこでA型施設も含む福祉的な事業を行えばよい。

(9)短期的にはwin-winのように見えるが、障害者の潜在能力が活かされない状態に置かれることは本人にとっても将来的にはマイナスとなるだろう。この点を問題視して、こうした事業所に通わせるのを見合わせる保護者もいるという。

(10)スウェーデンで2万人の障害者を雇用する国営の株式会社サムハルでは、政府からの補助金は障害者雇用にかかる人件費の9割以下に抑えられている。つまり、社会会計上の赤字が出ないように制度化されているのである。詳しくは、コラムH「サムハル」を参照。

(11)2017年7月、岡山県倉敷市にあるA型事業所5か所が一斉に閉鎖され、220名の障害者が解雇されるという〝事件〟が起きた。事業所を運営する株式会社は経営不振が原因と語ったとされるが、実際は、開所当初から障害者1人あたり3年間で最大240万円支給される特定求職者雇用開発助成金と自立支援給付金をあて込んで大量の障害者を形だけ雇い入れるビジネスであり、3年が経過したあとには意図的に閉鎖して、別の事業所に移し、再び助成金と給付金を受け取る予定だったとされる。実際、その事業所には仕事の実態はなく、障害者はほぼ暇つぶし的な活動に終始して給料をもらっていたようである。事業所の業務内容に問題ありと見た当局が移動を認めなかったため、大量解雇という結果になった。これは、行政機関が企業に対してA型事業のしくみを悪用するインセンティブを与えたことによる典型的なモラル・ハザードの事例といえる。

(12)たとえば、「スワンベーカリー」事業で知られる「ヤマト福祉財団」を設立した小倉昌男氏は、著書『小倉昌男の福祉革命』のなかで、障害者の工賃の低さは異常だとして、「工賃1万円からの脱却」を強く訴えていた。

第6章

障害者就労から学ぶ「働き方改革」

日本は世界から〝課題先進国〟と呼ばれている。その意味するところは、将来的にどの国にも降りかかってくるであろう深刻な問題に、日本が世界に先駆けて直面しているからである。

課題の第1は経済の低成長である。日本のGDP成長率は高度成長期をピークに低下の一途をたどっており、バブル崩壊後の平均成長率は1％にも満たない状況だ。第2は政府予算の硬直化である。一般会計歳出の50％は高齢化と過疎化対策である社会保障と地方交付税交付金、25％は国債費に充当されており、柔軟な配分が可能な予算は全体のわずか4分の1に過ぎない。しかも歳入の35％を国債の発行に頼っている状態で、2016年末時点での国と地方を合わせた債務残高は1000兆円を超えている。そして第3は高齢化と人口減少だ。将来人口予測によれば、2060年の人口は約8000万人で、そのうち18～59歳は半分を切り、同年の出生数はわずか30万人程度となる。

これらの指標が意味するところは、ゼロ成長と人口減少のため配分できるパイのサイズは拡大しないなかで、社会保障に頼る人の割合は年々増加していくものの、そこに振り向けられる予算には限りがあるということである。実際、こうした事態に政府はこれまでさまざまな方策を考えてきた。アベノミクスという名の成長戦略、一億総活躍プラン、地方創生、社会保障と税の一体改革、少子化対策など、すべてはこの深刻な状況を打開するためである。しかし、これらの政策に対する国民の期待感は今ひとつである。

その理由は、課題解決のための方策が国民の幸福度の上昇につながっていないからである。「成長のためとはいえ、なぜこれ以上活躍しなければならないのか」「デフレ脱却は必要だろうが物価があがるのは困る」「財政赤字は良くないが増税や社会保障の切り捨てはご免だ」「少子化は問題だが望まない出産はしたくない」などの声はその表れといえる(1)。

そこで登場したのが、安倍首相自らが議長を務める「働き方改革実現会議」である。国民の幸福度とマクロの課題解決をリンクさせるためには「働き方」に手をつけるしかないという考えだ。なぜなら、働くことすなわち生産活動こそが国民生活とマクロ経済の双方にまたがっているからである。

２０１７年3月、10回に及ぶ会合を経て同会議は「働き方改革実行計画」を発表した。その目指すところは「生産性の向上」である。生産性をあげるということは筋肉質の身体《からだ》をつくることに似ている。まずは、無駄な脂肪を減らすことで体質改善を図り、身体を動きやすくする。その上で、必要な栄養を摂取し、トレーニングによる体力アップを通じて、頑丈な身体をつくっていく。

「実行計画」はこの手法を経済にあてはめようとする試みと理解できる。長時間労働は無駄な脂肪のようなもので、快適な生活を送るさいの足かせになる。まず、これを減らし、経済の体質改善をした上で、女性、障害者、高齢者、海外人材といった新たな労働力を取り込み、若者への教育を充実させ、経済全体の規模拡大、すなわち経済成長へ結びつけるというシナリオである。

これが国民の幸福度とどうリンクするのだろうか。「実行計画」の行程表には「働く人の視点に立った課題」という項目があり、そこには「仕事ぶりや能力の評価に納得して意欲を持って働きたい」「ワークライフバランスを確保して柔軟に働きたい」「ライフスタイルやライフステージの変化に合わせて多様な仕事を選択したい」といった働く人から発せられた要望が書かれている。つまり、これらの要望に応えることが生産性の向上につながれば国民の幸福度向上とマクロの課題解決が両立できるのである。

前置きが長くなったが、本章では障害者雇用の視点からこの「働き方改革」を考える。その理由は、現状の「働き方」に関するさまざまな問題点が障害者雇用に凝縮されていると思われるからである。言い換えれば、障害者雇用を推進していくことが結果として「働き方改革」につながっていく。まさに「障害者問題を一般化し社会に役立てる」という本書の主旨に合致したテーマなのである。

〝排除の論理〟のコスト

〝社会的弱者〟ということばがある。〝弱さ〟の原因はさまざまだろう。もっとも、どんな人にも弱点はあるのだから、そこだけを取り出せば誰でも弱者になってしまう。たとえば、泳げない人は水のなかでは弱者だし、外国語のできない人が海外に行けば弱者になる。

つまり〝社会的弱者〟は、私たちの社会がつくり出しているともいえる。たとえば、身体のどこかに何らかの〝機能不全〟を抱えている人がいたとしよう。このとき、その部分だけに着目して労働不適格の烙印を押せば、その人は収入を得る術を失い、〝社会的弱者〟となってしまう。弱者は福祉によって保護されなければならない。このようにして福祉がその人にとっての居場所となる。

弱者の保護そのものを否定するつもりはないが、このプロセスに従う限り弱者は増え続けることになる。その理由は社会環境が常に同じとは限らないからである。かつて日本に製造業の工場が多数あり、そこに単純労働が豊富に存在した時代には、IQがさほど高くない人やコミュニケーション能力に問題を抱える人にもできる仕事は数多くあったと思われる。しかし、工場は海外に移転し、技術進歩によって単純労働が機械に置き換わるようになると、人間の仕事は機械が対応できない複雑なものや、高度なコミュニケーション能力が要求される内容へと変化していく。それに従い、仕事上のストレスも増してくる。こうなると、これまで職場で支障のなかった機能不全が〝障害〟という形で表に出てくる。つまり、社会の変化が障害をつくり出してしまったのだ。

ただ、ここでひとつの疑問が湧くだろう。技術進歩によって新たな障害がつくり出される一方、かつて障害とみなされていた機能不全がそうでなくなる可能性はないのだろうか。もちろん、そうあって然るべきだろうが、一旦〝障害〟と認定されると、周囲もそのシグナルに頼って判断するようになるため、簡単にそれを覆すのは難しい。また、当の本人にとっても、いままでどおり障害者として保護と援助を受け続けた方が楽かもしれない。

労働不適格者を増やしていくとどうなるのだろうか。答えは実に明快だ。その人たちの居場所をつくり、維持するためのコストがかかるだけである。日本では、施設などが行う障害者支援事業に1兆4500億円、精神科の入院費に1兆3632億円、そして刑事犯の矯正に

２３３４億円が投じられている。刑事犯罪と障害者は関係ないように思われるかもしれないが、刑務所への年間新規入所者約２万人の実に20％以上に相当する４４００人がＩＱ70未満ないしテスト不能の人たちである。社会から排除されれば、結局これらの施設のどこかに行くかホームレスになるかしかないのである。

ここまでの考察から明らかなように、最も効果的な弱者対策は弱者をつくらないことである。そのためには、人間なら誰でも抱える機能不全が生産活動の場における〝障害〟とならないよう、社会の環境を整備すべきなのである。

コラム１

コミュニケーション障害の社会コスト

共生社会の構築には、障害者のコミュニケーション能力の向上が欠かせない。その現状を知るため、米国Northwestern University のCommunication Science and Disorders 部門を訪ねた。ここはコミュニケーション障害と関連するさまざまな機能不全の研究と治療を行っている。その対象は、自閉症、聴覚障害、失語症、耳鳴りなど多岐にわたる。たとえば、自閉症ならばできるだけ早期に効果的な情報伝達手段の習得を目指し、聴覚障害では当事者の状況を把握し、聞き取りやすい補聴器の改良や臨床実験を行う。

部門長のDhar教授はこうした研究と治療の実践は経済的にも「ペイする」と強調する。コミュニケーション障害は外部からは見えにくい。単に〝内気な人〟や〝口数の少ない人〟とみなされがちだ。そして本人もコミュニケーションがうまくとれない現状を「仕方がない」と諦め、他者との交流を避けるようになる。しかし、こうした状況を放置しておくと、教育や就労の機会を大幅に減らし、生活の質の低下をもたらし、高齢者であれば認知症などさまざまな病気を引き起こしかねない。

同部門には医学、脳科学、心理学、教育学などさまざまな分野の研究者が集っている。障害の社会コストの最小化という経済学的な観点からもこうした学際的な研究の推進が望まれる。

●Northwestern Univeristy での取材にあたり同大学の Dr. Akihiro Matsuoka のご協力を得た。

比較優位の原則

それでは、弱者をつくらない環境整備とはどのようなことを指すのだろうか。その答えを明

図表6-1　比較優位の原則

	A氏	B氏	C氏
魚1tの生産に要する時間（h）	2h	6h	6h
肉1tの生産に要する時間（h）	3h	4h	4h
自給自足（均等生産になるよう40hを配分）のとき			
魚の生産量（消費量）	8t（16h）	4t（24h）	4t（24h）
肉の生産量（消費量）	8t（24h）	4t（16h）	4t（16h）
相対的に得意なものに特化して生産			
魚の生産量	20t	0t	0t
肉の生産量	0t	10t	10t
魚1t 対 肉1tで交換して消費			
魚の消費量	10t	5t	5t
肉の消費量	10t	5t	5t

確に示しているのが経済学部の学生ならば誰もが習う〝比較優位の原則〟である。

図表6-1をご覧いただきたい。これは魚と肉2財とABC3氏からなる経済を示したものである。A氏はBC両氏に比べ、魚と肉いずれの生産性も高い。したがって、3人がそれぞれ自分の持ち時間で魚と肉を同量ずつ生産し、消費するという自給自足が最も適切なように思える。

ところが、表をよく見ると、A氏はBC両氏に比べて相対的に魚の方が得意で、BC両氏は肉の方が得意であることがわかる。(2) この比較優位性を活かし、A氏は魚、BC両氏は肉に特化して生産すると、A氏は魚を20トン、BC両氏はそれぞれ10トンずつ生産できる。そのあと、A氏とB氏、そしてA氏とC氏が魚と肉を5トンずつ交換すれば、結果としてA氏は魚と肉を10トンずつ、BC

両氏は5トンずつ消費できる。つまり、自給自足のときよりも消費量は25％増えているのである。

この簡単な数値例は何を意味するのだろうか。私たちの社会には、他人と比べて能力的に劣っている人を不適格者として排除する傾向がある。職場でも、どんなこともうまくこなせるオールラウンドプレーヤーを求めがちである。だが、それは全体で見たとき最適ではない。確かにB氏とC氏はA氏と比べ、すべてにおいて生産性が低い。それでも比較優位性のある肉の生産に特化した後に魚と交換すれば、BC両氏はもとよりA氏も消費量が増えるのである。

このように、弱者を生産の場から排除することは、共生社会の実現といった人道的見地から望ましくないことはもちろんのこと、限られたリソースを効率的に活用するという経済学的見地からも得策とはいえないのである。

障害者雇用促進策

比較優位の観点から障害者を生産の場に取り込むことが得策とはいえ、それだけで企業が積極的に障害者雇用に取り組むよう期待するのは難しい。なぜなら、障害者の雇用になれていない企業にとっては、どこに比較優位があるかわかりづらく、またわかったとしてもそれを実際の

図表6-2　近年の障害者雇用の状況

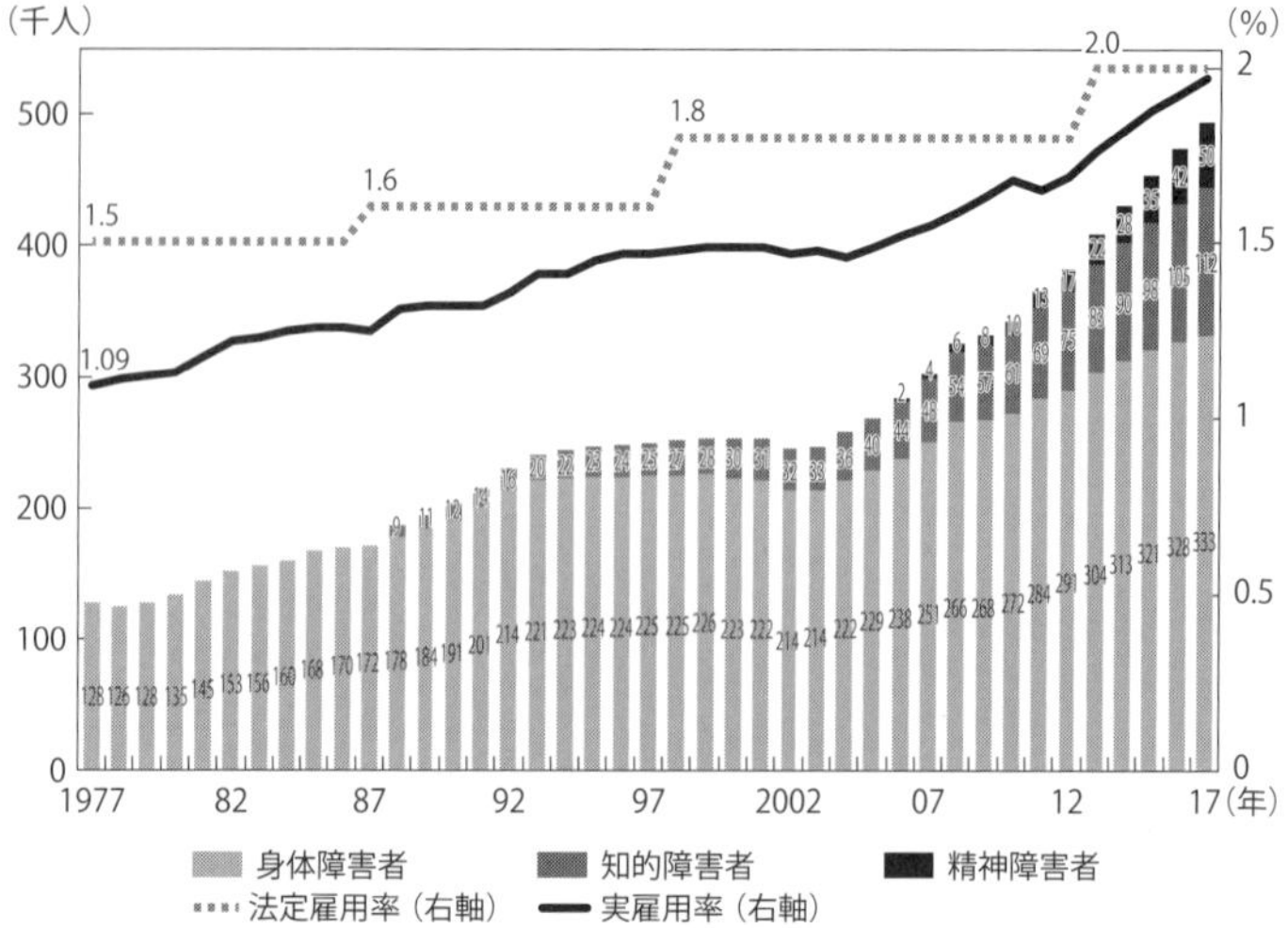

（出所）厚生労働省資料

職場に活かすためにはさまざまな準備が必要となるからである。

さらに、知的障害者や精神障害者に対しては、障害そのものに対する偏見がいまだ社会のなかに根強く残っている部分もあり、特に生産活動という点ではこれまでの就労実績の少なさから「戦力にならないのではないか」との判断が先行する統計的差別も存在すると考えられる。

こうしたハードルをクリアするための対策として、政府は障害者雇用の促進を目指した法整備を行ってきた。それが「障害者雇用促進法」である。この法律の最大のポイントは、常用労働者の一定割合に相当する障害者を雇用しなければならないと定めている点である。これを

$$\text{障害者雇用率}=\frac{\text{身体障害者及び知的障害者である常用労働者の数}+\text{失業している身体障害者及び知的障害者の数}}{\text{常用労働者}+\text{失業者}}$$

〝法定雇用率〟という。

同法は１９６０年に制定されたが、１９７６年に雇用義務化が始まったさいには身体障害者のみが対象とされ、法定雇用率は１・５％だった。その後、１９９７年に知的障害者も義務化され、法定雇用率は１・８％にあがった。そして、２０１８年には精神障害者の雇用義務化に合わせて２・２％への引きあげ、さらには２０２０年に２・３％まであげることが予定されている。

ここでいう〝雇用の義務化〟とは、法定雇用率の設定基準のなかに含めるという意味である。実際、厚労省は上に示されるような算式を用いて基準を設定していると説明している。この算式の意味は以下のようになる。すなわち、左辺の障害者雇用率をすべての企業が達成したとすると、常用労働者に占める障害者の割合と失業者に占める障害者の割合は一致する。したがって、この算式は障害者の失業率を日本全体の失業率に合わせるためのものと解釈できる。(3)

この算式において決定的に重要な意味を持つのは分子である。なぜなら分子にどのような障害を含めるかによって数字が大きく変わってくるからである。雇用義務化がスタートしたときの法定雇用率1・5%は、分子に身体障害者のみを含んだ数値だった。1997年に知的障害、2018年に精神障害が含まれるようになり、分子の値はしだいに大きくなっていった。法定雇用率が徐々に引きあげられてきたゆえんである。このように説明されればいかにも客観的なデータに基づく政策のように見えるが、実はこの算定式には大きな落とし穴がある。

法定雇用率の落とし穴

厚労省は算定に用いた統計を明らかにしていないため推測の域を出ないが、分母の常用労働者は厚労省「毎月勤労統計調査」、失業者は総務省「労働力調査」の完全失業者（月末の1週間に無業でかつ職探しをしている人）を用いていると思われる。また、分子はおそらく5年に1回厚労省が実施している「生活のしづらさなどに関する調査」から人数を割り出していると推察される。そして同調査の母集団は、都道府県レベルで把握されている障害者手帳所持者、精神科の患者、福祉サービスを受けている者であり、「労働力調査」の母集団である「国勢調査」ではない。つまり、分母と分子はそれぞれ別の母集団情報に基づき、別々の手法で推計された数字である。それらを割り算して法定雇用率を決めているのである。

なかでも眉唾ものなのが「失業している障害者の数」である。2015年において、20歳～64歳の精神障害者202・3万人のうち、雇用されているのはわずか2・8万人である。つまり200万人弱が無業ということになる。ここで、法定雇用率2％が算式に基づいて正しく計算されていたと仮定しよう。だとすると、精神障害者の雇用義務化によって0・2ポイント引きあげられたということは、精神障害者の失業者がたったの7・2万人だった計算になる。このことは、192・3万人の精神障害者が無業のまま職探しすらしていないことを意味する。これはにわかには信じがたい。

ここで別のアプローチから2・2％の正当性を検証してみよう。障害者が労働市場で差別なく扱われているのであれば、障害者の労働力率は日本全体の数値と一致するはずである[4]。この仮定のもとで推定される障害者の労働力人口は226万人になる。これを厚労省の算式にあてはめて法定雇用率を計算すると4・4％となる。つまり、2・2％という法定雇用率は障害者の労働力率をかなり過小評価していることがわかる[5]。

そもそも疑問を禁じ得ないのは、厚労省が法定雇用率を政策手段なのか政策目標なのか明確にしていない点である。政策手段ならば、企業に対して雇用率達成を義務化することで、具体的に何を目指しているのか目標を明示すべきである。前節の解釈が正しいとするならば、障害者雇用率の算式どおりに企業が障害者を雇用すれば、障害者の失業率はマクロの失業率と一致するはずである。だとすれば、厚労省は実際にそうなっているか統計を用いて事後的に検証し、政策の意義を国民に問うべきであろう。他方、2・2％の雇用率が政策目標というなら、すべての企業にこれを守らせる必要はなく、日本全体として雇用率が達成できるよう別の仕組みを整えるべきだろう。

どちらの場合にせよ、厚労省が障害者雇用対策のためにこの算定式を使い続けるならば、どの統計のどの数字を用いて導き出されるのか明確に示すべきである。そして、数値の信頼性を高めるため、障害を持つ完全失業者を同じ母集団情報から推計することが望ましい。それには「国勢調査」に「障害」に関する調査項目を付しておく必要がある。これには国民の理解が必要なことは言うまでもないが、厚労省や総務省は粘り強く説得に努めるべきだと思う。それこそ統計法が謳っている「証拠に基づく政策（Evidence Based Policy）」を遂行するための道だからだ。

雇用納付金制度

障害者雇用の義務化とセットで、企業に対する障害者雇用のインセンティブづけの役割を果たしているのが雇用納付金制度である。これは、常用労働者100人以上の企業を対象に、法定雇用率に達していない企業から足りない分1人につき原則5万円の納付金を徴収する一方、

図表6-3　雇用納付金制度の仕組み

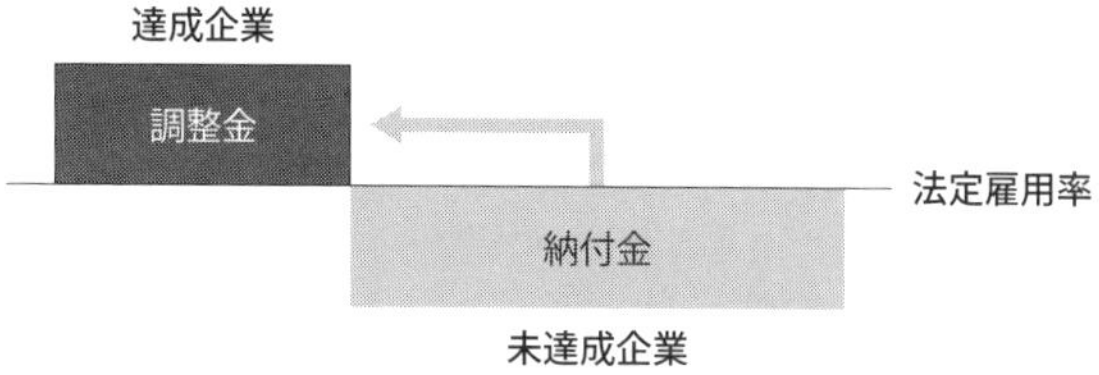

法定雇用率を超える障害者を雇用している企業には超えている人数に応じて2万7000円の調整金を支給するという仕組みである（図表6－3参照）。

この制度を運用しているのは「高齢・障害・求職者雇用支援機構」という独立行政法人である。この設計はきわめて重要である。なぜなら、この制度に税金がつぎ込まれていないことを意味するからである。第5章で述べたように、税金に頼る事業を株式会社が行うことは株主ガバナンスの観点から不適切である。雇用納付金制度はあくまで未達成企業と達成企業の間の融通であることからガバナンスの条件はクリアできている。

ただ、この制度には深刻な問題がある。それは納付金と調整金のバランスである。「障害者雇用促進法」ではすべての企業に法定雇用率（2017年時点では2％）以上の障害者雇用を義務づけている。そして、厚労省は未達成状態が続く企業には警告を発し、それでも改善が見られない場合は企業名を公表している。こうすることで未達成企業が減っていけば、納付金の徴収

図表6-4　民間企業における従業員規模別障害者雇用率の推移（%）

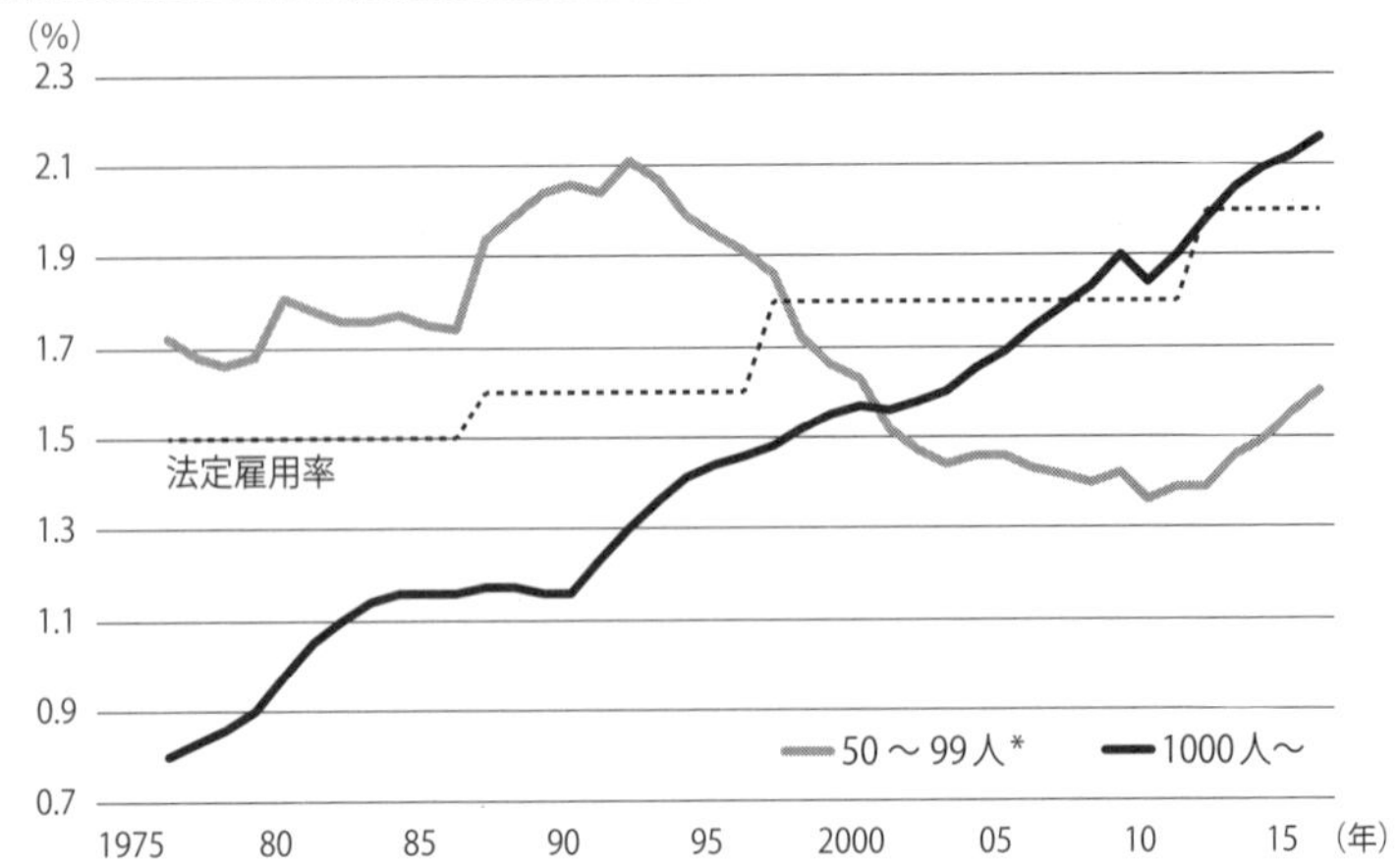

(注) *ただし、1975～87年は67～99人、1988～98年は63～99人、1999～2012年は56～100人
(出所) 厚労省発表資料

額は少なくなる一方、調整金の支給額は増えるため、この制度の収支は悪化する。つまり、企業が法定雇用率を満たそうと障害者雇用に励めば励むほど、この制度の屋台骨はぐらついてくるのである。そこで収支を改善しようとすれば、法定雇用率をあげざるを得なくなる。このように、雇用納付金制度は未達成企業の存在を前提としており、長期的にサステナブルではないのである。

もうひとつの問題は、未達成企業の内訳である。障害者雇用が義務化された１９７７年時点で最も障害者雇用率が高かったのは従業者67~99人規模の中小企業で、最も低かったのは１０００人以上の大企業だった。つまり、そのころは障害者雇用に後ろ向きだった大企業が積極的に受け入れている中小企業に補助金を支給していたと解釈できる。

ところが、2017年になると大企業の雇用率は2・16%と当時の法定雇用率を上回り、逆に中小企業は1・6%と全体として未達成状態である（図表6－4参照）。つまり、中小企業が大企業に補助金を出しているというおかしな構図になっているのだ。実際、大企業で障害者雇用に携わっている人の話では、障害者雇用に励んでいるのは別に調整金が欲しいわけではないそうである。おそらく、本音では法定雇用率の未達成による悪評を回避するのが最大の理由ではないだろうか。一方、中小企業は障害者雇用に手が回るほどの余裕はなく、納付金を支払った方がマシという状況だ。この制度は企業に対するインセンティブづけとしてもはや機能不全に陥っているといえる。

特例子会社という魔法の杖

大企業の障害者雇用が劇的に増えた理由として「特例子会社」という制度の存在があげられる。この制度の意味は、障害者を直接雇用するのが難しい企業の場合、子会社を設立しそこで雇用すれば、企業グループ全体として障害者雇用率にカウントしてもよいという特例措置である。ただし、子会社で雇用される障害者は5人以上で全従業員の20%以上を占めていなければなら

図表6-5　仕事切り出し型

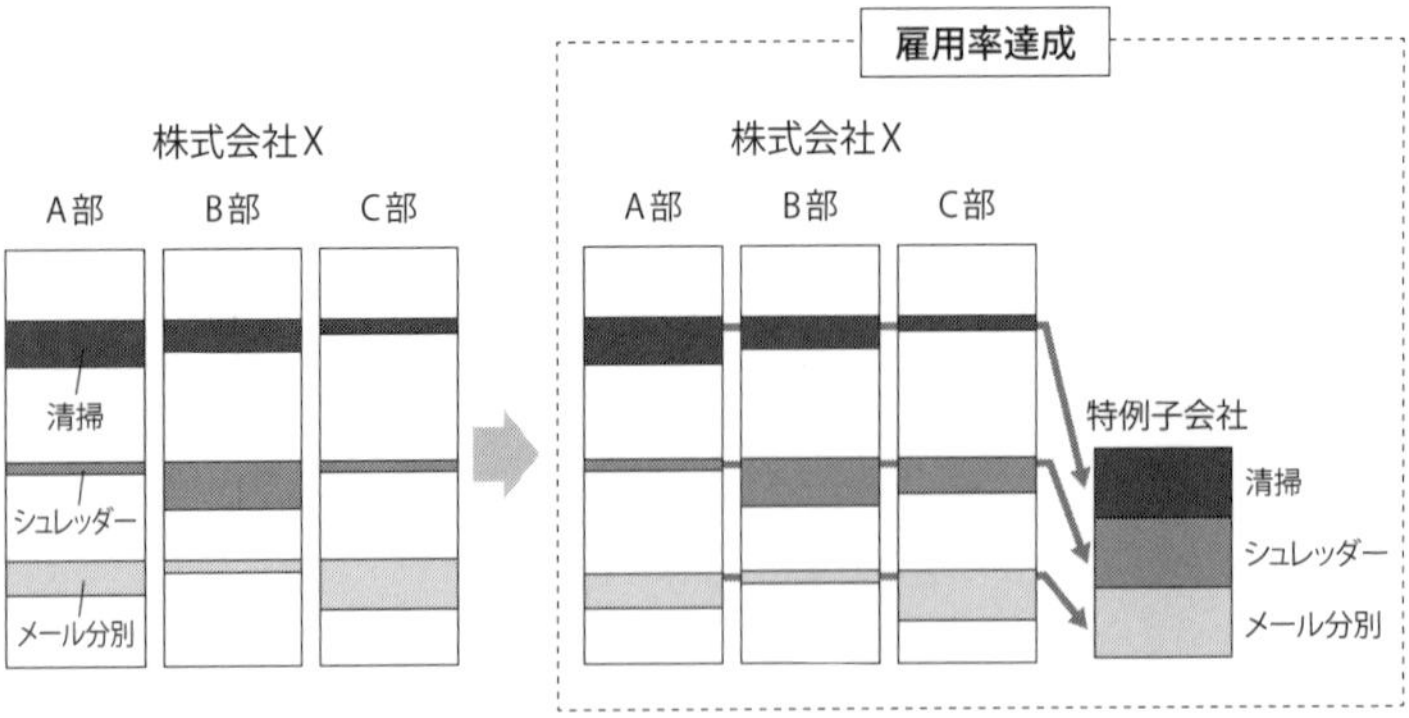

ないという制約がある。

この制度のメリットは2つある。ひとつは、企業が障害者向けの設備や業務を1か所に集約でき、規模の経済性が働くことである。もうひとつは、親会社とは別の人事や給与体系をとることができる点だ。子会社をつくるだけの資本力のある会社にとっては実にありがたい制度ということができる。実際、この制度の運用が開始された2002年には119社だった特例子会社は2016年には448まで増え、雇用者数も5400人から5倍の2万7000人になった。

特例子会社で障害者を雇用するパターンは大きく分けて2つある。ひとつは〝仕事切り出し型〟である（図表6-5参照）。たとえば、社内に〝清掃〟〝シュレッダー〟〝郵便物（メール）の分別〟という3つの業務があって、それらが複数の部署に散らばってい

図表6‒6　内部取り込み型

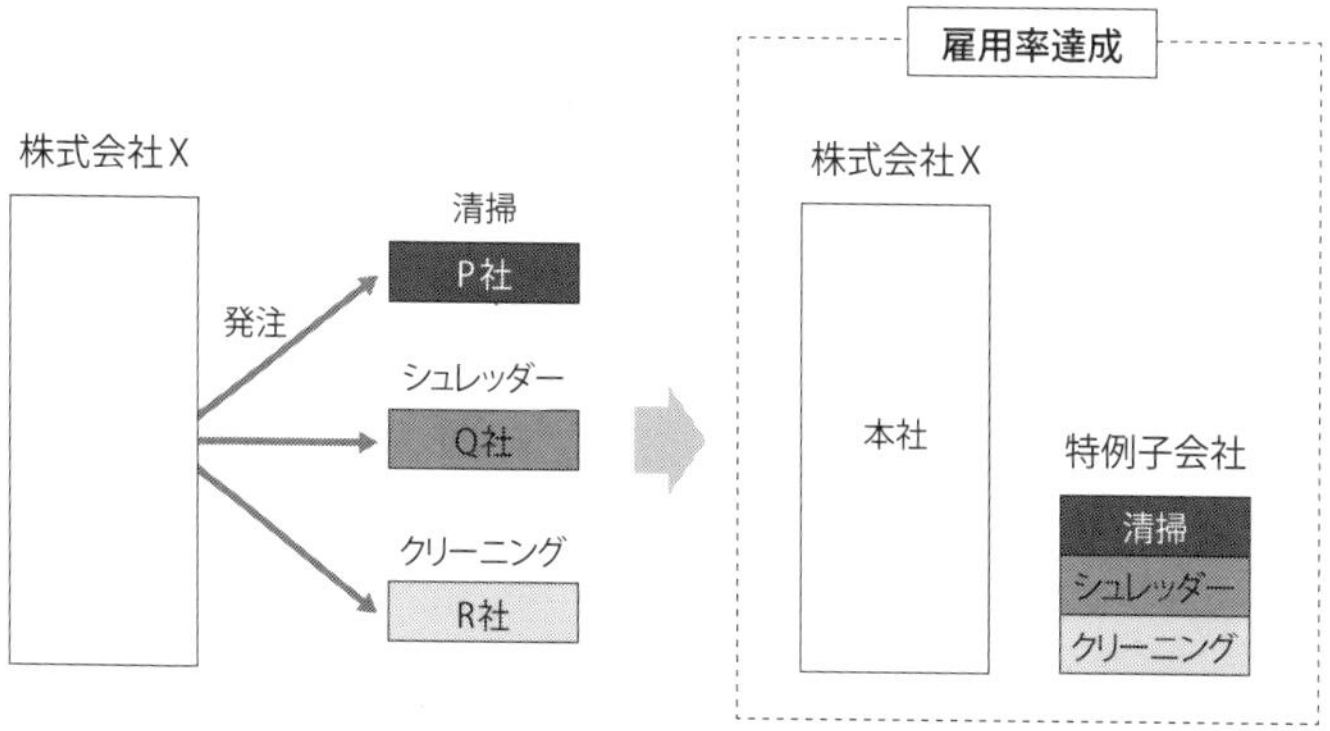

たとしよう。そのとき、これらの業務をまとめて行う特例子会社を設立し、そこに障害者を雇い入れるのである。この方式をとるメリットは、それぞれの部署で片手間に行われていた〝雑用〟が1か所に集約されることで、社員が本業に集中できるようになり効率化が図られるという点だ。また、すでに社内に存在していた仕事のため、新たな設備などはさほど必要がなくコストも節約できる。

もうひとつは、もともと外部に発注していた業務を社内に取り込み、新たに障害者を雇って設立した子会社にやらせる〝内部取り込み型〟という方法である（図表6‒6参照）。この方式の最大のメリットは新たに仕事をつくり出す必要がなく、ある程度まとまった数の障害者を一度に雇用することができる点である。ただ、新たな設備が必要になる分、セットアップの費用がかかる。

さらに厚労省は、大企業にとって特例子会社設立のメリットを高めるため「グループ適用」という制度も導入した。これは、○○ホールディングスに子会社や関連会社が連なるような企業グループにおいて、そのうちのいずれかが特例子会社を設立して障害者を雇用すれば、グループ全体の障害者雇用率にカウントしてもよいというものである。この制度によって大企業の障害者雇用が一層進んだことは間違いない。

特例子会社の問題点

〝仕事切り出し型〟も〝内部取り込み型〟も、その仕事の内容が障害者の比較優位性を活かしているのであれば、効率的な障害者雇用といえるだろう。だが、今後、法定雇用率の引きあげが予想されるなかで、これらのやり方が望ましいかどうかについては疑問なしとしない。

仕事を切り出すということは、社内のあちこちに散らばっている雑用を寄せ集めることである。確かに、こうした寄せ集めによって社員が本業に集中できるようになるという利点はある。ただ、企業全体の生産性を長期的に高めていくには、そもそもこうした雑用はなるべく減らした方がいいだろう。たとえば、トイレはなるべくきれいに使った方が清掃のコストは削減できるし、無駄な紙ゴミをなくせばシュレッダー業務は少なくて済む。ＩＴ化が進めば郵便物のやりとりは減るはずだ。つまり、〝仕事切り出し型〟では、企業の生産性を向上させようとすると障害者の仕事は減ってしまうのである。法定雇用率をクリアするために無駄な仕事を社内に留め、それに障害者が従事し続けるというのは企業にとっても障害者にとっても不幸である。

〝内部取り込み型〟は確かにうまいやり方ではあるが、もともと外部に発注した方が企業にとってメリットのあったはずの業務を、障害者雇用のためにわざわざ社内に取り込んでいるという時点で経営の効率化に反しているのではないだろうか。また、この方式は単に仕事を外から内に〝移転〟させただけに過ぎず、新たな雇用を生み出してはいない。つまり、障害者を雇用するために、外部の仕事を奪っているのである。

どちらの方法にせよ、特例子会社が親会社ないしは企業グループ向けの仕事をしていることには変わりないが、子会社への報酬については、かかった費用に見合った額を親会社から受け取る〝総括原価方式〟を採用している企業が多い。これは特例子会社にとって安定した収入を確保できるメリットがある一方、コスト積みあげによって報酬が決まるため経営を効率化させるインセンティブが働かないという欠点がある。

親会社がこうしたマイナス面への対処を怠り、「特例子会社は法定雇用率を下回らない程度に障害者を雇用してくれさえすればいい」という意識が強くなると、特例子会社は〝企業内障害者施設化〟への道をたどることになる。つまり、親会社も特例子会社も仕事の質や生産性に関する緊張感を失い、「障害者が生き生きと働くのを見て元気がもらえる」「大きな声で挨拶してくれるので気持ちがいい」「障害者の笑顔に癒やされる」など仕事とは直接関係のないことに障害者雇用の意義を見いだしていくようになるのである。

特例子会社中心の障害者雇用が一般的になると、中小企業が法定雇用率を達成するのは難しい状況となる。なぜなら、企業規模が小さく、障害者を雇い入れるほどの間接業務の量が確保できないためである。また、一般的に中小企業には、子会社を設立して外部に発注している仕事を取り込むほどの資金力はない。したがって、あえて費用をかけて障害者を数名雇うくらいならば、納付金を支払った方がいいという選択になる。

「同一労働同一賃金」との関係

「働き方改革実行計画」では「仕事ぶりや能力の評価に納得して意欲を持って働きたい」という国民からの要望に対して、「同一労働同一賃金の実効性の確保」を対応策として掲げている。日本においては、アメリカのような「職業別労働組合」ではなく、「企業内労働組合」が主流なため「同一企業同一ポジション同一賃金」は徹底されているが、企業が違えば同一労働であっても同一賃金になる保証はない。

たとえば、総務、人事、経理などの社内向けサービスすなわち間接業務の場合、そこで働く社員の賃金は仕事の内容というよりも本業の生産性によって決まる。なぜなら、本業を助けるのが間接業務の役割であり、本業の稼ぎが増えれば間接業務の貢献度もあがるからである。したがって、中小企業の経理担当者がいかに有能であり、高い生産性を発揮したとしても、稼ぎの多い大企業の経理担当者よりも低い給与に甘んじなければならなくなる。

この考え方を用いれば、間接業務中心の障害者雇用において、障害者の賃金は本人の生産性とは関係なく、どの企業で働いているかに依存して決まることになる。たとえば、ビニール袋に広告用パンフレットを詰めて封をするという作業について考えよう。それが宅配寿司チェーンの広告だと、就労継続支援B型に通う障害者の仕事として1部あたり10銭程度の報酬にしかならない。ところが、大企業の販促用パンフレットを特例子会社が引き受けると、同じ作業内容にもかかわらず一転して月10万円以上の給与がもらえる仕事になる。私もある特例子会社でこうした仕事をしている障害者を見たことがあるが、1時間あたり100部ほどの生産性に対して、親会社からの出向と思われる社員が「本当に丁寧に仕事をしてくれている」と話すのを聞いて唖然とした記憶がある。B型施設でこれより遥かに高い生産性で作業をしている障害者がこれを見たらどのように思うだろうか。

国民の幸福度を高めるために「同一労働同一賃金」の実現を目指すのであれば、まず障害者

図表6-7　ある企業における障害を持つ雇用者の年齢構成（特例子会社以外）

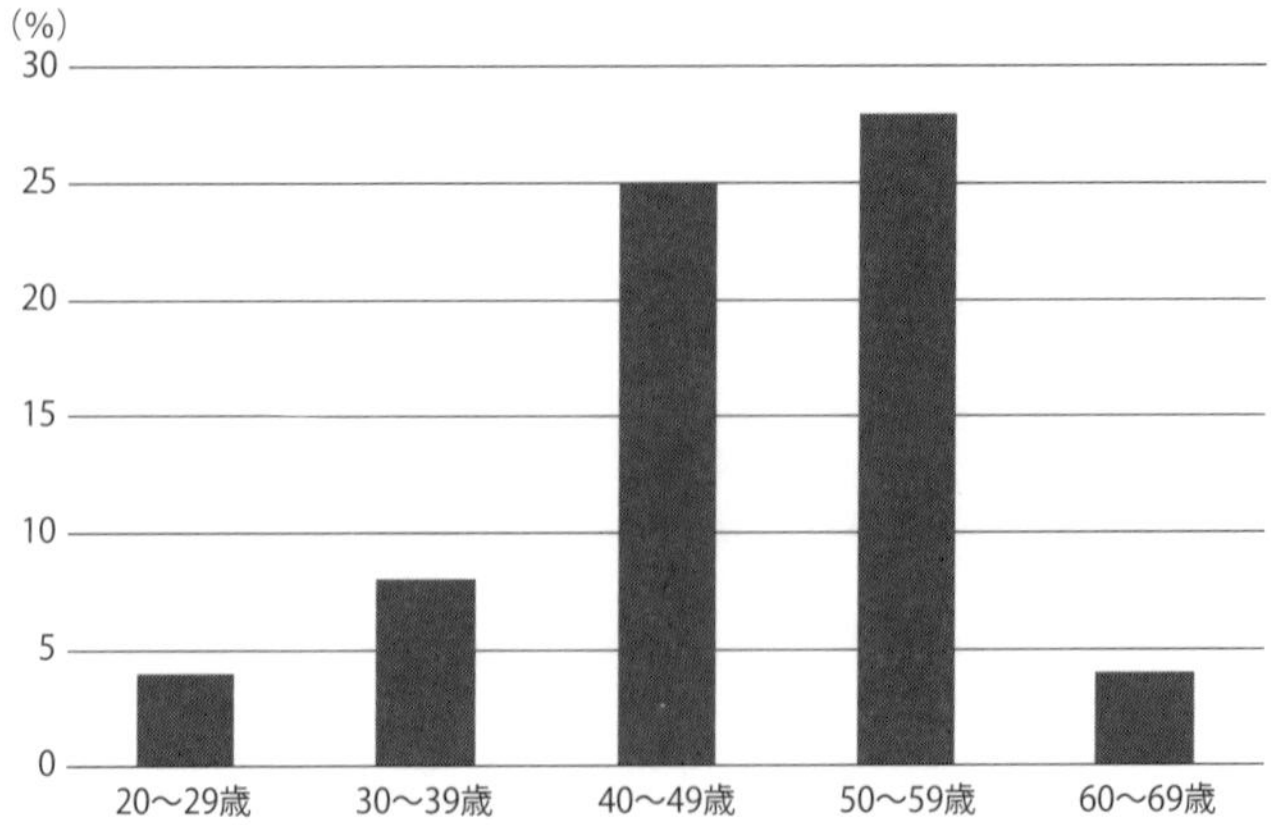

雇用の現場で起きているこのような理不尽さを解決するのが先決ではないだろうか。

高齢化への対処

図表6-7は、ある企業において特例子会社以外で雇用されている障害者の年齢構成を示したものである。これを見ると、40歳以上が8割を超えており、かなりの高齢化が進んでいることがわかる。

こうした傾向は多くの企業に見られるが、その理由は、障害者の雇用義務化がスタートしたころ、内臓疾患や脊髄損傷など身体障害者が採用の中心だったためである。これらの人たちはこれまで通常の職場で主としてオフィスワークに携わってきており、あと10～20年以内に職場を去ることになる。つまり、これまで企業の障害者雇用を支えてきた身体障害者の退職が今後予想されるのである。

企業にとってみれば、貴重な戦力だった身体障害者が次々と辞めていく一方、法定雇用率が引きあげられるわけだから、働ける障害者の確保が急務となってくる。また、医学の進歩によってこれまでは助からなかった多くの命が救われるようになったと同時に、身体障害の重度化も進んでいる。これからは知的障害者や精神障害者の積極的な採用なしに雇用率の維持はできないだろう。

ただ、この図にひとつ不自然な点があることにお気づきだろうか。それは60～69歳の雇用者がきわめて少ないことである。その理由は、「障害基礎年金」の存在である。この年金は年齢に関係なく、仕事を辞めた時点で直ちに支給が開始されるため、企業就労していた障害者は60歳になると退職して年金生活に入ることができる。企業にしてみれば、働けるうちは仕事を継続して雇用率の維持に貢献してもらいたいところだが、そうもいかないようだ。

法定雇用率再考

「障害者雇用促進法」が障害者雇用に果たしてきた役割は大きい。障害者に対する差別を解消していくためにもこうした割当制度は必要である。その一方で、この先どこまであげるべきなの

図表6-8　障害者雇用関連指標の国際比較

	日本	アメリカ	フランス	スウェーデン	ドイツ
障害者率（20〜64歳）	4.4%	10.5%	16.0%	20.5%	18.0%
うち雇用率	16%	38%	47%	62%	50%
法定雇用率	2%	なし	6%	なし	5%
障害関連予算（対GDP比）	0.4%	1.0%	0.7%	2.2%	0.1%
職業訓練予算（対GDP比）	0.01%	0.05%	0.1%	0.42%	0.31%
障害補償スコア	21/50	17/50	25/50	37/50	32/50
障害共生スコア	27/50	21/50	26/50	32/50	35/50

（出所）OECD, *Transforming, Disability into Ability*, 2004.
OECD, *Sickness, Disability and Work*, 2010.

かという議論もある。企業のなかには法定雇用率のさらなる引きあげを懸念する声がある一方、障害者団体などはヨーロッパに比べ日本の法定雇用率は低水準であると指摘する。

図表6-8は、OECD（経済協力開発機構）が公表している資料をもとに障害者雇用の進捗状況について国際比較をしたものである。これを見ると、確かに日本の法定雇用率はフランスやドイツに比べて低水準であり、障害者の雇用率も低い。しかし、そもそも日本では障害の認定に医学的な根拠を求める〝医学モデル〟が採用されていて、障害をつくり出す社会の方に問題があるとする〝社会モデル〟の認知度はまだ低い。そのため、障害者率そのものが他国と比較してきわめて低い状況にある。

今後、日本が法定雇用率をヨーロッパなみにあげていくのであれば、それと併せて障害の定義も見直していく必要があるだろう。あるいは、障害者雇用の割当制度そのものが労働市場における障害者差別の存在を認めていることになるという考えに従うならば、差別禁止のルールを厳格化した上で、スウェーデンやアメリカのように法定雇用率という制度そのものを廃止すべきなのかもしれない。

ただ、〝社会モデル〟の考えが根づかない状態で法定雇用率を引きあげていけば、企業は障害者を比較優位の原則に基づく〝戦力〟ではなく、法律によって雇うことを強制される〝お荷物〟だと考えるようになるだろう。その証拠に、そうした企業向けに障害者雇用を肩代わりするビジネスが登場してきている。

東京都千代田区に本社があるエスプールプラスという会社は、千葉県に所有するハウス農園を企業向けに貸し出し、企業が雇用した障害者に農作業をさせている。企業は障害者を雇い、給料も支払っているので雇用率にカウントされるが、働く場は企業ではなく千葉の農園で、できた農作物は企業が福利厚生として社員に配ったり、社員食堂の食材に活用したりする。そして作業場提供の見返りとして企業から障害者1人あたり月額1万5000円の手数料を受け取るという仕組みだ。同社のホームページには、「業界・業種を問わず、上場企業、有名企業など約100社にご利用頂いております」と書かれ、企業のニーズが高いことを窺わせる。

障害者雇用に苦労している企業にしてみれば、法定雇用率の引きあげに対処するため「背に腹は替えられない」というのが本音だろう。実際、エスプールプラスのビジネスを掲載している新聞記事には、「ビル清掃や事務部門での受け入れは限界に近づいた」との企業のコメントが紹介されている。(6) つまり、これ以上、障害者のために切り出せる仕事がない企業にとってみれば、厚労省から〝未達成企業〟の烙印を押されて評判を落とすくらいなら、賃金と手数料を払ってもエスプールプラスに障害者を引き受けてもらった方が得策と考えても不思議はない。

形の上では農園での就労という位置づけになってはいるものの、農作物は無償配布しており、農作業の成果から給与を得ているわけでもない。企業側からのニーズがあり、法的に何ら問題がなければ、それに応えるのがビジネス界の常識だろう。とはいうものの、これが果たして障害者雇用のあるべき姿なのか疑問符がつく。

コラムJ

法定雇用率の検証

2015年の常用労働者数は4776・8万人(厚生労働省「毎月勤労統計調査」)であり、同年の完全失業者数は222万人(総務省「労働力調査」)である。また、同年の身体/知的障害者雇用者数は38・7万人（厚労省「障害者雇用の状況の集計結果」）なので、法定雇用率2％が算式どおりにあてはまるとすれば、身体／知的障害者の失業者数は下記のように計算される。

（4776.8＋222）×0.02−38.7＝61.3（万人）

一方、同年の20〜64歳の精神障害者数は202・3万人（内閣府「障害者白書」）である。また、同年の精神障害者雇用者数は2・8万人（厚労省「集計結果」）である。

このとき、精神障害者の雇用義務が発生したことにより、算式に基づいて法定雇用率が2・2％に引きあげられたとするならば、精神障害者の失業者数は、以下のように計算される。

（4776.8＋222）×0.022−（38.7＋2.8）−61.3＝7.2（万人）

したがって、働く意思のない精神障害者の数は次のようになる。

202.3−2.8−7.2＝192.3（万人）

次に、2016年における日本全体の労働力率（ここでは常用労働者のみを就業者として扱っている）は、18〜64歳人口7298万人（総務省「人口推計」）、常用労働者数4876・5万人、完全失業者数208万人であることから、次のように計算される。

（4876.5＋208）÷7298＝0.697

これを18〜64歳の障害者数324・3万人に乗ずると、働く意欲を持つ障害者（常用労働

者と失業者）の数は225・9万人となる。よって、法定雇用率の理論値は、

225.9÷（4876.5+208）＝0.044

として求められる。つまり、労働力率均等の原則に基づいて算定した法定雇用率は現行の2倍ということになる。

このように計算はしてみたものの、内閣府「障害者白書」の引用元である厚労省「生活のしづらさなどに関する調査」は5年に1度、同省「患者調査」は3年に1度の調査と周期がずれているだけでなく、年齢区分も異なるため統一的かつ正確な推計を著しく困難にしている。同じ省庁が実施している統計調査でありながら、このようないい加減な整備状況では証拠に基づく政策立案（evidence based policy making）などできようはずがない。

「みなし雇用」とは何か

これまでの議論から明らかになったのは、特例子会社方式による間接業務主体の障害者雇用では、切り出せる仕事に限界があり、中小企業への適用も困難であることから、今後、雇用義務の対象となる障害者の枠が広がり、法定雇用率が上昇していくと、比較優位の考え方に則っ

た障害者雇用のあるべき姿が歪められるおそれがあるということであった。

この問題に対処するための方法はひとつしかない。それは障害者が本業で力を発揮できるように働く環境を整えることである。(7) すなわち、障害者の仕事量を増やすことが企業収益の拡大につながるような雇用の創出である。これこそがファーストベストな選択であり、それを障害者雇用の最終的なゴールとすることにまったく異論はない。

しかし、企業のなかにはその業務内容の性質上、障害者への配慮を平行して実施することが「過重な負担」となるところもあるだろう。(8) また、障害者のなかには、職務遂行能力に問題はないものの、常時あるいは突発的に福祉的な支援を必要とする人もいるだろう。そうしたケースへの対応のために、導入を検討すべきなのが「みなし雇用」である。この制度を用いれば、既存の障害者施設の活用を通じた間接業務の本業化が可能となる。

図表6–9は「みなし雇用」のしくみを示している。ABC3社には間接業務123があるが、それぞれの業務量に各社ばらつきがあり、障害者を雇うほど十分な仕事量が切り出せるわけではないとしよう。ここで、業務123それぞれを専門に行う3つのA型事業所があったとする。ABC3社が各業務を3種類のA型に発注した場合、その発注量に応じて障害者雇用率にカウントしてもよいとするのが「みなし雇用」の考え方である。このとき、障害者雇用の算定率は、発注量がA型施設で働く障害者何人分のフルタイムの仕事量に対応しているかによって定めれ

図表6-9　「みなし雇用」のしくみ

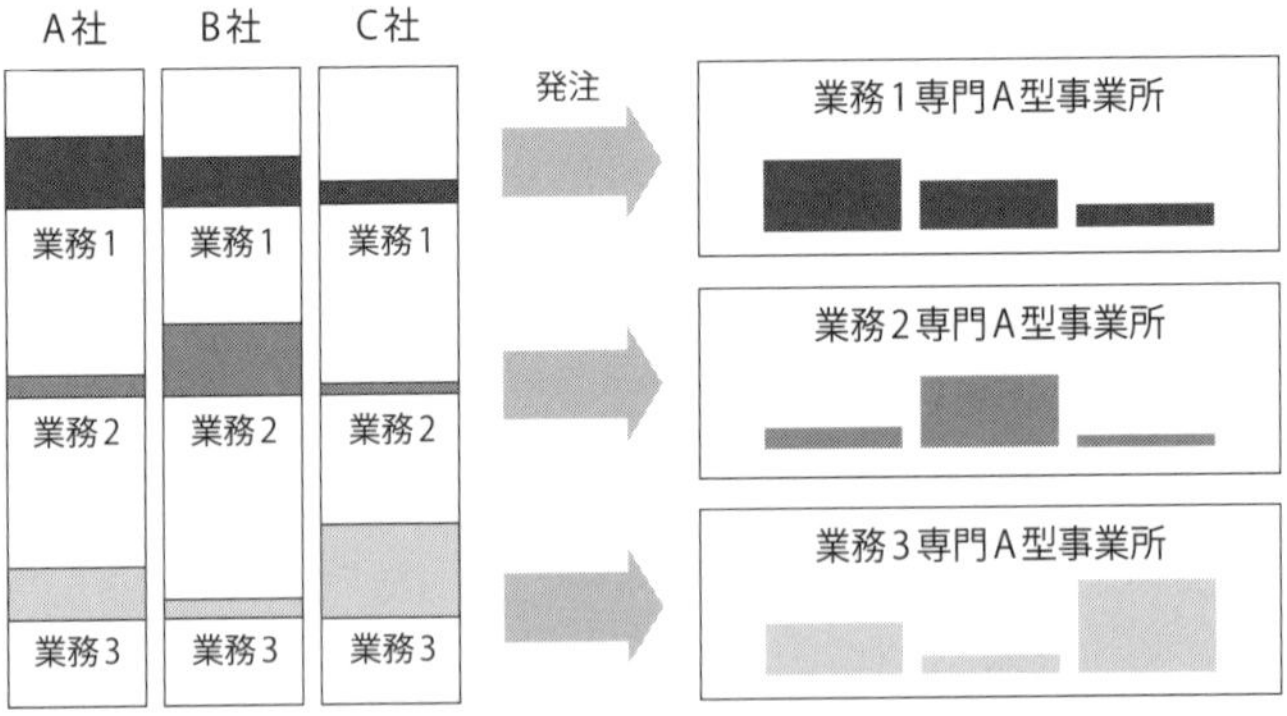

ばよい。[9]

「みなし雇用」の利点

まず、**雇用と福祉の切り分け**ができることである。

A型事業所が行う事業は、障害者への最低賃金の支払いを条件とするため、一定規模の仕事量を確保する必要があり、ビジネスに不慣れな職員が営業活動で走り回ることになる。他方、障害者の扱いに不慣れな企業は雇ってはみたものの、どのようなサポートをしてよいかわからず困り果てる。そこでA型が企業から受注する形をとれば、障害者へのサポートは施設が行い、仕事量の確保と仕事上の指導は企業が行うというようにそれぞれの比較優位を活かすことができる。

この切り分けは、精神障害者と中小企業にとって利便性が高い。精神障害者を雇用する際に企業が最も苦心するのは、精神障害者特有の調子の波をどう平準化させるかである。特に、少人数の障害者を雇用する中小企業の場合、突如として調子を崩して出社できなくなったりすると仕事に与える影響は甚大である。しかし、A型への発注という形をとれば、ある障害者が調子を崩したとしても同等の能力を持つ別の障害者に仕事を代行させることが可能となる。また、特有の調子の波についても、施設の職員ならばある程度の予測がつき、事前に手を打てるかもしれない。

2つ目の利点は、**障害者の仕事が本業化**することである。すでに見たように、間接業務主体の障害者雇用では、法定雇用率をクリアできる雇用を確保するため、無駄な間接業務であっても残さざるを得ないという問題があった。しかし、「みなし雇用」では、受注したA型が無駄を省き業務の生産性を向上させれば、余った労働力で別の企業からの注文を受け、収入を増やすことができる。さらに、生産性の向上は障害者のキャリア形成にもつながる。たとえば、清掃ひとつとっても、企業グループ内の間接業務では技術を向上させてもその成果を発揮できる場所に限度があるが、「みなし雇用」では複数の企業から受注できるので、高い評価を受ければより高度な技術を求められる場所の清掃へとキャリアアップができるかもしれない(10)。

3つ目は、**A型の経営改善と社会収支の黒字化**だ。A型事業所にとって運営上の最大の苦労は、障害者に最低賃金を支払うため、付加価値の高い仕事をまとまった量だけ確保することである。また第5章で述べたように、仕事量が少ないと、行政から支給される自立支援給付金の方が障害者の給与よりも多くなり、社会収支の赤字を出すことになる。「みなし雇用」を適用すれば、仕事量の増加によって給与の支払額も増えるので、問題の解決につながるだろう[(11)]。

4つ目は、**市場メカニズムの活用**である。特例子会社方式では常に親会社から仕事をもらっているため、生産性を向上させるインセンティブが働かない。その点、「みなし雇用」であれば、生産性の高いA型は企業から歓迎されるので、より多くの注文を受けることができる。そして、A型施設間での競争メカニズムの働きによって、A型の体質改善も期待できる。

5つ目は、**企業の生産性を向上させる**という点だ。「内部取り込み型」は、外に出していた仕事を法定雇用率クリアのためにわざわざ企業グループに戻す手法であり、効率的な経営とは言いがたい側面を持つ。「みなし雇用」を活用すれば、A型への発注に切り換えるだけで雇用率を下げることなく経営上の効率性を高めることができる。そして、企業は真の意味で戦力となる障害者の雇用により注力するようになるだろう。

そして6つ目は**ガバナンス構造の明確化**である。第5章で述べたように営利法人が税金によって運用されているA型事業を実施することはガバナンス上望ましくない。「みなし雇用」は、福祉活動と営利活動が分離されるので問題の解決につながる。

「みなし雇用」への懸念

A型事業所の抱える問題を解決し、法定雇用率引きあげに伴う弊害を除去する上で「みなし雇用」はきわめて有効な策であることはご理解いただけたかと思うが、一方でこの制度の導入には懸念の声もある。

ひとつは、企業の障害者雇用に対する意識が後退するのではないかということだ。障害者雇用の目的は、単に障害者に生産活動の場を提供するだけでなく、障害者との共生社会の実現であり、そのために企業の社会的責任（CSR）を果たすことでもある。[12] また、障害者の能力を本業で活用するには人事制度などを見直す必要も出てくることから、こうした手間をかけたくない企業は「みなし雇用」を逃げ道として使うかもしれない。

そうした懸念への対応策としては、法定雇用率の2段階運用が適当と考えられる。たとえば、将来的に法定雇用率を4％程度まで引き上げるのが望ましいということになった場合、3％を直接雇用によって充当させるよう義務づけ、残りの1％については「みなし雇用」の適用を認めるというやり方である。また、中小企業において障害者雇用が進みにくいことを踏まえ、常用労働者の一定数（たとえば200人）未満の企業についてはすべて「みなし雇用」でもいいとすればいいだろう。

もうひとつは、この制度を導入するにあたっての厚労省の〝縦割り行政〟に対する懸念である。厚労省には「社会・援護局」と「職業安定局」があり、前者に属する「障害福祉課」が障害者施設を所掌し、後者の「障害者雇用対策課」が障害者就労を管轄する。そして、「障害福祉課」は障害者施設に通う障害者の工賃をあげることを目標とし、「障害者雇用対策課」は企業による障害者雇用の推進を目標としている。しかし、第5章で述べたように、この2つの目標は両立が困難である。なぜなら、障害者雇用を進めるには施設に通う生産性の高い利用者を企業に移す必要があるが、そうすると施設の工賃は下がってしまうからである。

「みなし雇用」は、施設への発注を企業の雇用率にカウントすることになるため、この2つの課が協力しなければ実施できない制度である。政策の焦点が障害者本人にあたっていれば、通う場所が施設か企業かに関係なく、本人の幸福度の向上のために柔軟な政策運用ができるはずである。ところが、日本の役所は〝業界〟をベースとした縦割り構造になっているため、こうした横串を刺す政策になかなか踏み込めないのである。

障害者雇用が示す「働き方改革」の方向性

障害者雇用を進める上で決定的に重要なポイントがある。それは、働き方を障害者の特性に合わせなければならないということだ。これは当然と言えば当然だ。視覚障害者に検品の仕事は難しいだろうし、聴覚障害者に電話による苦情対応を担当させる企業はないだろう。車椅子の障害者に外回りの営業が不向きなことは誰でもわかる。

難しいのは、知的／精神／発達の障害を持つ人たちである。なぜなら、こうした人たちは十人十色で、得意なことや不得意なことに個人差があり、画一的な働き方の提示ができないからである。なかには、外見上はどこに障害があるか気づかない人も多く、実際に雇ってから「こんなこともできないのか」と驚く企業関係者もいることだろう。

日本のこれまでの〝働き方〟は、企業にとって人事のコストを最小化する目的で設定されてきたと考えられる。すなわち、オールラウンドプレーヤーを新卒で採用し、さまざまな仕事を経験させながら企業にとって都合のいい人材を選び育てていくというやり方である。そして、そうした〝働き方〟についていけない人は脱落していく。言ってみれば、人間の方が企業の提示する画一的な〝働き方〟に合わせなければならなかったのだ。

障害者雇用を進めるには、こうした〝働き方〟を変えていく必要がある。知的障害を持つ人には、理解を強要するのではなく、理解しやすいように説明の仕方を変える。精神障害を持つ人には、長時間継続的に働かせるのではなく、断続的な働き方でも高い生産性が発揮できるように仕事を組み替える。

そして発達障害を持つ人には、各人の長所を見いだし、それを活かせる仕事を探す。障害者は健常者と違い、できないことをあたかもできるかのように誤魔化したりすることはできない。そのため、雇う方が障害者の特性に合わせていくしかないのだ。

ところで、そうした雇う側の工夫は障害者だけに必要なことなのだろうか。高齢になれば理解力は低下するだろうし、子育て中の母親や介護が必要な親を抱えるサラリーマンにとって長時間勤務は難しいだろう。そして、人間ならばどこかに発達していない箇所がある。不得意な仕事ばかり押しつけられればうつ状態になるのは当然だろう。

私たちは障害者雇用からもっと学ぶべきなのである。障害者を真の意味での戦力として活用できさえすれば、一般の社員を戦力にするのはたやすいことである。比較優位の原則に従った適材適所の働き方が実現できれば、働く人の幸福度もあがり、生産性も向上する。障害者雇用の推進こそ、政府が進めようとしている「働き方改革」の模範的事例となりうるのだ。

注

（1）個人の最適化行動が必ずしも全体最適にならないことを経済学では「合成の誤謬」と呼んでいる。

（2）魚1トンと肉1トンの生産に要する時間について、A氏は2：3、BC両氏は3：2である。これをもってA

氏は魚に比較優位があり、ＢＣ両氏は肉に比較優位があるという。

（3）この証明についてはコラムＫ「法定雇用率遵守のもとでの障害者の失業率」を参照。

（4）労働力率とは、働きたいと思っている人（就業者と失業者）の人口に占める割合であり、労働市場への参入率ともいうべき指標である。労働市場での差別がなければ、この数値は障害のあるなしとは無関係であるはずである。ここで、精神障害者の多くは入院しているので、労働力にカウントすべきではないとの考えもあるだろうが、終章で示すように日本は人口あたりの精神病床数が世界で突出して高い国になっており、そうした状況を前提に精神障害者の労働力率を設定していることの方がおかしいのではないだろうか。

（5）ここでの計算の根拠についてはコラムＪ「法定雇用率の検証」を参照。

（6）「エスプールプラス、千葉に障害者向け農園新設」（『日本経済新聞』２０１5年3月6日）参照。

（7）ストックホルムに本社があるハンバーガーチェーンＭＡＸは、スウェーデン国内すべての店舗で1人ないし2人の障害者を雇い、ハンバーガーづくりと接客の仕事を任せている。各店舗ではタッチパネルによる注文方式になっているため、接客時の仕事の負担が軽くなるように配慮されている。それと平行して、ＭＡＸでは店舗の掃除については国営企業サムハルとサービス契約を結び、サムハルに雇われている障害者が出向する形をとっている。コラムＨ「サムハル」にあるように、サムハルには人件費の9割相当の補助金が政府から支払われているため、付加価値のさほど高くない作業をサムハルの社員に任せるという選択は理にかなっている。ＭＡＸのマネージャーに他のハンバーガーチェーンとの違いを聞いたところ、他社ではほぼバックヤードでの仕事に限られている上に、ハンバーガーをつくり置きしているため〝本業らしさ〟が失われているとの話であった。ＭＡＸは注文を受けてからハンバーガーをつくるので、バックヤードでの仕事であっても直接顧客とかかわっている緊張感が生まれるという。ストックホルムを去るとき、アーランダ空港で食したＭＡＸのハンバーガーは何とも味わい深いものであった。

（8）精神障害者の雇用を定着させるには精神保健福祉士を社内に常駐させることが望ましいが、中小企業のなかにはこうした配慮が経営上難しいところも多いのではないだろうか。

(9) ただし、A型施設には給付金という政府からの補助金が投入されているため、不当競争を防ぐ意味から、補助金が他企業と対等の競争状態となるイコールフッティングの原則に反しない範囲で拠出されていることを証明する必要がある。

(10) 障害者の生産性向上により、A型でなくても十分経営が成り立つようになったら通常の株式会社に転換することもありうるだろう。このときは、法定雇用率のダブルカウントにならないよう制度設計上の工夫をする必要がある。

(11) 第5章で述べたように、A型施設の社会収支の黒字は経営健全化の必須条件といえるが、それを達成させるには政府からの給付金を障害者給与の一定割合(たとえば9割)に設定するという方法が障害者の生産性向上へのインセンティブ付与の意味からも効率的である。なぜなら、生産性向上により障害者給与が上昇すれば、補助金も増え、施設職員の待遇改善にもつながるからである。

(12) 企業の社会的責任については、国際標準化機構のISO26000規格によって品質保証がなされる。日本規格協会の説明によれば、企業による障害者雇用はそのなかの「人権」「労働慣行」というカテゴリーに属する。

コラムK

法定雇用率遵守のもとでの障害者の失業率

日本全体の就業者数をL、失業者数をU、障害者の就業者数をL^H、失業者数をU^Hとすると、法定雇用率 e は次のようになる。

$$e=\frac{L^H+U^H}{L+U}$$

すべての企業がこの法定雇用率を遵守しているとすると、$e=\frac{L^H}{L}$ が成り立つから、$e=\frac{U^H}{U}$ となる。このとき障害者の失業率u^Hは、

$$u^H=\frac{U^H}{L^H+U^H}$$

である。この式に2番目と3番目の式を代入すると、

$$u^H=\frac{U^H}{L^H+U^H}=\frac{eU}{eL+eU}=\frac{U}{L+U}$$

となり、日本全体の失業率と一致する。

2016年の完全失業率は3・1%である。また、身体/知的障害者雇用者数は38・7万人である。右の式から同失業者数の理論値を求めると、1・24万人となる。コラムJにおいて、法定雇用率2%が算式どおりと仮定したときの2015年の同失業者数は61・3万人と計算されていることから、この数字は明らかに小さすぎる。その原因としては、法定雇用率の未達成企業があまりに多数存在するか、法定雇用率の算定が間違っているかのいずれかが考えられる。

終章

障害者は社会を映す鏡

2016年7月26日、神奈川県相模原市にある障害者施設「津久井やまゆり園」で入所者19名が殺害されるという事件が起きた。同施設の元職員でもあった容疑者の男は、犯行の動機として、「障害者は不幸をつくる人」であり、「障害者の安楽死を国が認めないので、自分がやるしかない」と供述したという。(1)

たった1人の人間がこれだけの大量殺人を引き起こしたこと自体、きわめて異様な事件だったというしかないが、こうした事件に対する世間の反応を見ると、一般の人たちが障害者に対してどのような感情を抱いているかが見えてくる。

被害者の氏名は非公開

殺人事件では被害者の氏名は公表されるのが普通だが、今回の事件では犠牲になった19名の氏名は公表されなかった。マスコミから非公表の理由を問われた神奈川県警は、「事件当日に19人の遺族全員を対象に個別の聞き取りをしたところ、全員が氏名公表を望まなかった」と回答したという。これに対しては、「人間の死に対する差別」（メディア法教授）、「安否情報という観点からは報じる必要がある」（ジャーナリスト）、「『障害があっても健常者と同じ人間』との訴えに疑問を抱かれかねない」（障害者支援団体）、などの批判の声があがった。(2)

遺族から直接話を聞いたわけではないので、あくまで推測の域を出ないが、私も障害者の親なので、遺族が非公表を望んだ理由もそれなりに察しがつく。

まず、身内に障害者がいることの世間体だ。障害があることを恥と考える風潮はいまでも社会に根強く残っていると感じる。その証拠に、私が自分の子どもに障害があることを〝カミングアウト〟すると、〝まずいことを聞いてしまった〟的な反応を示す人たちがいまだに多くいる。私もかえって気まずい思いをさせてしまったかと後悔することもある。次に、障害のある子どもを施設に入れたことに対する罪の意識である。「障害児を最後まで面倒見るのが親の務め」という血縁によるコミットメントで縛られた親子関係のなせる業だろう。

このように、遺族が非公表を望んだのは、障害を恥だとみなし、障害のある子どもはできる限り親が世話をすべきだとする世間一般の〝空気〟を敏感に感じ取ったためと解釈できるのである。

〝優生思想〟という魔物

逮捕された容疑者が述べたという「障害者は生きている意味がない」という動機について、ネット上では「犯罪は許せないが理解はできる」と共感を示す声が少なからずあった。これは第2章で取り上げた〝優生思想〟、すなわち役に立つ人間だけを社会に残すべきとする考え方と関連性がある。

これに対しては、「ナチスによる障害者抹殺を連想させる」(バリアフリー研究者)、「優生思想は不寛容社会と地続きだ」(NPO代表)、「私たちは優生思想を克服できていない」(新聞記者)、など問題視する意見が相次いだ。

容疑者がどれほど優生思想に染まっていたかは定かでないし、仮に染まっていたとしてもそれだけであれほどの大量殺人を起こすとは考えにくい。また、誰がどういう思想を持っているかということはそれほど大きな問題ではないだろう。なぜなら、世の中にはさまざまな思想があり、どれを持つかは自由だし、あえて自分がどの思想に共鳴しているか示す必要もないからである。

むしろコメントした人たちが思想の〝匂い〟を感じ取ったことにこそ問題の本質がある。障害者に限らず〝社会的弱者〟との共生はきれいごとでは済ませられない。たとえば次のような極端な例を考えてみよう。沈みゆく船に100人が乗船していたとする。救命ボートは50人分しかない。さて誰を優先的に救うべきだろうか。こうした切羽詰まったときでも私たちは〝社会的弱者〟を平等に扱うことができるだろうか。

藤原てい『流れる星は生きている』は、敗戦直後に朝鮮半島から引き揚げてくる著者の家族とその周囲の人たちの姿を描いたドキュメンタリーである。これを読むと、ぎりぎりの状況に置かれたときには、私たちが日頃こだわっている〝ちっぽけなモラル〟など何の役にも立たないことを思い知らされる。弱者に対する配慮などどこかに吹っ飛んでしまうのである。

優生思想は、あえて持つものでもないし、また克服するものでもない。人間の置かれた状況によって知らないうちに自然と出てくるものである。犯行動機がどうであれ、それに共感する意見があったとしても、私たちの社会に〝社会的弱者〟と共生できるだけの経済的そして精神的余裕があれば、魔物を封じ込めておくことができる。

精神障害者への偏見

事件のあと、容疑者が犯行の5か月ほど前に精神科に〝措置入院〟していたことが報道された。〝措置入院〟とは、「精神保健福祉法」の定めに従い、都道府県知事（または政令指定都市の市長）の権限と責任において精神障害の疑いのある対象者を精神科病院に強制入院させることをいう。

今回、措置が下された理由は、当時、事件のあった施設で働いていた容疑者が同僚に「障害者は生きていてもしかたない。安楽死させた方がいい」などと話したことから、施設が警察に通報し、警察が「他人を傷つけるおそれがある」と判断したためだ。病院で容疑者の尿から大麻の陽性反応が出たことから、〝大麻精神病〟あるいは〝妄想性障害〟と診断されたものの、12日後には症状が軽くなったことから退院したということだ。

この報道がされたあと、「障害者を安楽死させた方がいい」などと話す人間をわずか12日で退院させてよかったのかと相模原市の判断を疑問視する意見が出された。さらに、容疑者の措置入院に関与した精神保健指定医の1人が不正に資格を取得していたこともわかり、最初の診断自体に問題があったのではないかとの声もあがった。

措置入院は、国民に対する公権力の行使であるため、その扱いには慎重を期すべきである。入院の必要がなくなれば速やかに退院させるのが適切な判断だろう。ところが、このような事

図表終-1　人口10万人あたり精神病床数

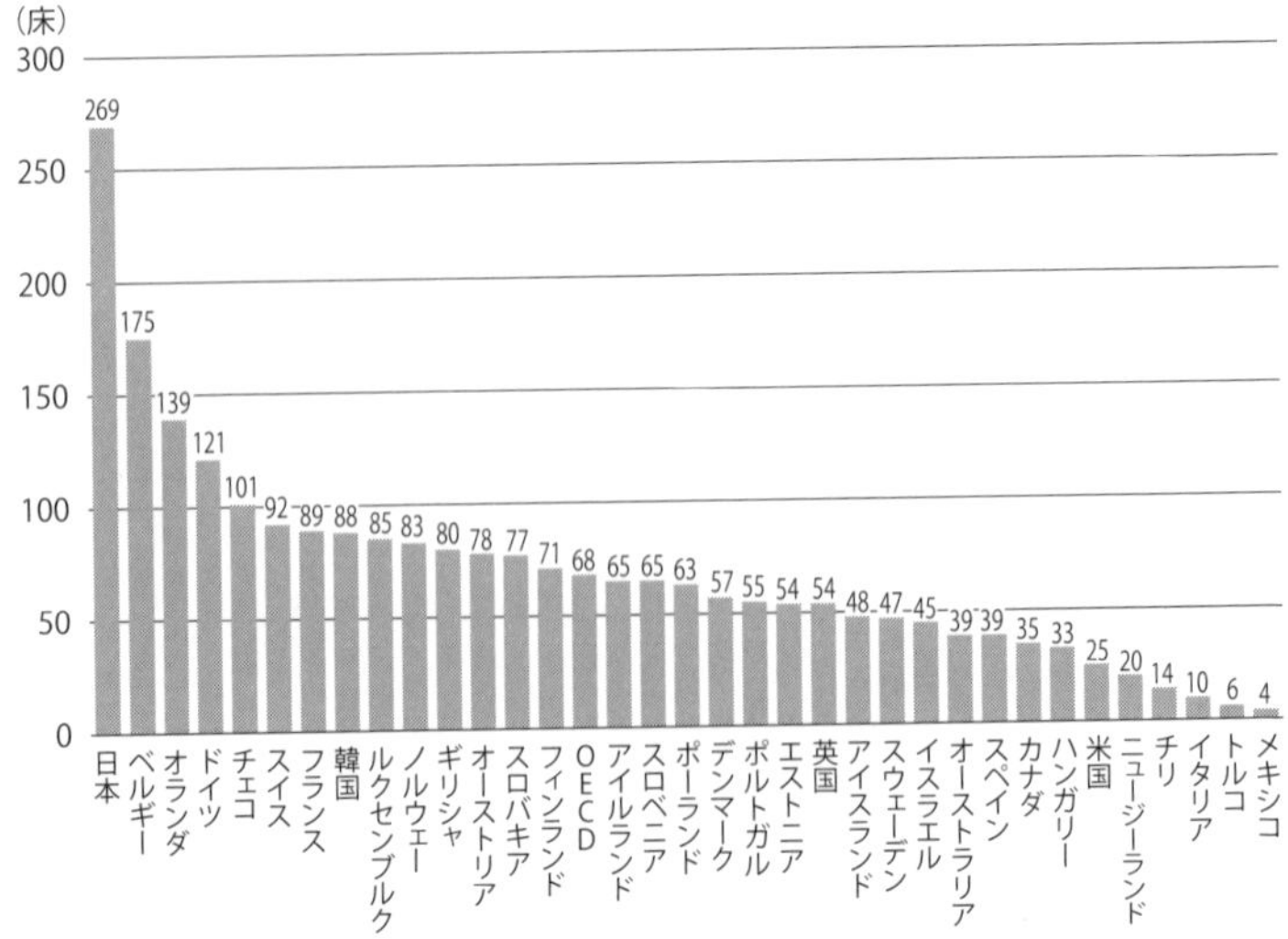

（出所）OECD, *Making Mental Health Count*, 2012.

件が起きると、容疑者の退院を妥当とした医師や行政に批判の目が向けられることは避けられない。すなわち、「犯罪を起こす可能性のある精神障害者は病院に閉じ込めておくべきだ」という主張である[3]。

しかし、ＯＥＣＤが公表している世界各国のメンタルヘルスの状況調査によれば、人口10万人あたりの精神病床数は日本が２６９で加盟国のなかで突出して多くなっている[4]（図表終-1参照）。また、平均在院日数も３００日と最も長い。つまり、先のような主張をするまでもなく、日本社会はすでに世界のなかで精神疾患の患者を最も多くかつ最も長く病院に〝閉じ込めている〟国なのである。

入院が長くなれば、それだけ社会復帰は難しくなり、退院後に刑事事件を起こす可能性も高まる。今回の事件が日本における精神障害者への偏見を助長し、社会からさらに遠ざける事態を招くことは避けなければならない。

何が映っているのか

最近10年間で、特別支援学校は120校増設され、障害者施設は倍増、企業の特例子会社は250も増えた。これだけ見ると日本における障害者支援の充実ぶりが窺えるが、これは本当に胸を張れる成果といえるのだろうか。

この背景に障害者の増加があることを見落としてはならない。厚生労働省と文部科学省の調査によれば、2005年から2011年までの6年間で、知的障害者と精神障害者の数は40万人も増加し、特別支援学校の在学者数は2万人以上増えた。日本経済がほぼゼロ成長で、人口も増えていないなかでの数字である。

これまで繰り返し述べてきたように、知的／精神障害の存在は〝医学モデル〟だけでは説明できない。なぜなら、機能不全を障害にしないための工夫次第で、その範囲は変わってくるからだ。つまり、私たちの社会が〝健常者〟の条件を厳格にすればするほど、障害者の数は増えていくのである。

このまま増えるに任せていいのだろうか。2018年から障害者の法定雇用率は2・2%となり、2020年には2・3%になる予定だ。企業名の公表をおそれ、各社は障害者雇用を増やそうと躍起である。特別支援学校の進路指導担当は益々活気づくだろう。この追い風に民間企業による就労支援ビジネスへの参入は増えるに違いない。子どもに少しでも変わったところがあると感じた親たちは、就職率の高い特別支援学校に子どもを進学させ、障害者枠での採用を望むだろう。まさに障害者労働市場における需要と供給の追いかけっこである。

こうした官製の割当制度の行き着く先はどこだろうか。理論上の解答のひとつは、すべての人に障害者認定を与え、法定雇用率を100%にするということだが、さすがにこれには国民の支持が得られないだろう。もうひとつの解答は、就労に困難さを抱える人たちすべてに割当制度を導入するという方法だ。障害者に採用枠があるなら、再就職を目指す女性や中高年男性にもあってしかるべきだろう。累犯者をなくすため、初犯の更生保護対象者にも枠があった方がいい。こうして、さまざまな属性ごとに法定雇用率を設定する統制社会ができあがる。現状の障害者雇用対策には、こうした将来の姿が重なって見える。

本書ではこれまで、家族、教育、差別、施設、就労をテーマに障害者問題を扱ってきた。そこを通して私たちの社会はどう見えただろうか。障害者だからと特別視して終わるのではなく、一般化した上で深く考えれば問題の本質が見えてくる。障害児が生まれれば家族の利己性や利他性があぶり出される。ニーズや成果が外からわかりにくい障害者を対象とすることで教育の本当の意義が見えてくる。差別の原因を探れば障害者に限らないさまざまな属性を持つ人にとって配慮が必要だとわかる。非営利組織のガバナンスは理念の曖昧な障害者施設にこそ必要不可欠だ。そして就労現場では、障害者を本業で戦力にできれば、適材適所による働き方改革の実現はたやすいことだろう。

私たちに必要なのは、障害者に映し出されている社会の姿に気づくことである。これは障害者から学ぶといってもいいだろう。身体障害者の活動ぶりを見れば社会のバリアフリーの程度がわかる。知的／発達障害者は比較優位の重要性を教えてくれる。そして精神障害者からは、ワークライフバランスすなわち適度に休むことの大切さを学ぶことができる。こうした学びが私たちの社会を変えていく原動力になるのである。

注

（1）「『障害者の安楽死、自分がやるしかない』『日本のためにやった』容疑者、正当化繰り返す」（『産経ニュース』2016年8月26日）

（2）「【相模原殺傷】被害者の実名を伏せる神奈川県警の〝二重の差別〟支援団体からも疑問」（『週刊新潮』2016年8月11・18日号）

（3）たとえば、前田雅英「措置入院『安全』考慮の制度に」（『読売新聞』「論点」2016年8月3日朝刊）などを参照。

（4）ただし、日本の精神病棟は慢性疾患患者の長期入院にも利用されているという点で他国とは異なる事情もある。

あとがき

あるテレビ番組にゲストとして呼ばれ、メインパーソナリティを務める方から「初めまして」と笑顔で名刺を渡されたとき、「実は、今回で3度目なんですけど……」と戸惑いながら返事をしたことがある。その方は大変恐縮され、放送後には「大変失礼いたしました」とご丁寧なメールまで頂戴した。

ただ、これはある意味、予測できた結果でもある。なぜなら、1度目の出演のテーマは〝障害者〟で、2度目は〝大相撲〟、そして3度目が〝お寺〟だったからである。これほどいろいろなテーマに首を突っ込んでいる経済学者もそう多くはないだろうから、別人だと思われても仕方ない。実際、新聞の取材を受けたとき「ご専門は？」と聞かれて困ることもたびたびだ。

そのなかでも2006年に出版した『障害者の経済学』だけは私にとって特別な存在だった。

その後、何冊か本を書いたが、それらをいま読み返してみても常に〝障害者〟とのつながりがあったように思う。『家族はなぜうまくいかないのか』を執筆するさいには、障害者のいる家族のことが真っ先に頭に思い浮かんだし、『高校野球の経済学』では発達障害の高校生が野球をやっていると聞いて練習風景を見に足を運んだりもした。

そうこうしているうちに、肝心の『障害者の経済学』の内容に自分自身が若干の違和感を覚えるようになってしまった。同書は、啓蒙書という位置づけから幸いにも「日経・経済図書文化賞」を頂戴したが、あれから10年以上が経過し、障害者に関するさまざまな法律も整備され、障害者をテーマとする報道も増えてきた。そして、2016年には、画期的ともいえる「障害者差別解消法」が施行された。こうなると、もはや啓蒙の必要性は低くなり、同書の主旨である「障害者問題を経済学的に考える」ことの意味づけを時代に即した形で明確にしなければならないと思うようになってきたのだ。

初版、増補改訂版からこの新版に至るまで数え切れないほど多くの方々のご指導、ご支援、そして励ましを受けた。参考にさせていただいた論説や書物も限りない。そのなかでも、慶大日吉キャンパスで「障がい者ダイバーシティ研究会」のご協力のもと8年にわたって続けている「障害者雇用の現状と将来」という講座と三田キャンパスで開講している「障害者の経済学」は、私にとって新鮮な刺激を与えてくれる貴重な機会となっている。

今回の新版では、海外の事情を追記するにあたり、現地の福祉関係者や私の知人から有益な情報を得ることができた。ここであえて名前をあげることは差し控えさせていただくが、お世話になった関係各位に深く感謝申しあげるとともに、本書にありうべき誤りはすべて私の責任であることを明確に申しあげておきたい。また、私の力不足から、本書では扱えなかったテーマや関連分野があったことについても心よりお詫び申しあげる。なお、海外での取材のための出張費については、慶應義塾大学学事振興資金のお世話になった。記して感謝申しあげる。

本書が日本における共生社会の実現に少しでも貢献できれば、望外の喜びとするところである。

2018年3月

中島隆信

【著者紹介】
中島隆信（なかじま　たかのぶ）
慶應義塾大学商学部教授。1960年生まれ。慶應義塾大学大学院経済学研究科後期博士課程単位取得退学。博士（商学）。専門は応用経済学。著書に、『経済学ではこう考える』（慶應義塾大学出版会）、『高校野球の経済学』（東洋経済新報社）、『お寺の経済学』（東洋経済新報社）、『大相撲の経済学』（東洋経済新報社）など。

新版　障害者の経済学

2018年4月26日発行

著　者――中島隆信
発行者――駒橋憲一
発行所――東洋経済新報社
〒103-8345　東京都中央区日本橋本石町 1-2-1
電話＝東洋経済コールセンター 03(5605)7021
http://toyokeizai.net/

DTP…………アイランドコレクション
装　丁…………トサカデザイン（戸倉巌、小酒保子）
印　刷…………東港出版印刷
製　本…………積信堂
編集担当………矢作知子

 Printed in Japan　ISBN 978-4-492-31505-7